이화

한국어

이화 한국어 1-1 (中國語版)

지은이 이미혜 · 김현진 · 구재희 · 윤영 · 이수행 · 권경미 · 유선희

펴낸날 1판 1쇄 2013년 5월 20일
4쇄 2018년 10월 15일

펴낸이 김헌민 **펴낸곳** 이화여자대학교출판문화원
주소 서울특별시 서대문구 이화여대길 52(우 03760) **등록** 1954년 7월 6일 제9-61호
전화 02) 3277-2965(편집), 02) 362-6076(마케팅)
팩스 02) 312-4312 **전자우편** press@ewha.ac.kr **홈페이지** www.ewhapress.com

책임편집 이혜지 **디자인** design **Vita** **조판** design **Vita**, 정혜진 **번역** 손영상, 김남이, 양숙평 **감수** 강영매
일러스트 양승용 **사진** 정영진, 김정원, 이화여자대학교 언어교육원, 이화여자대학교 홍보과
녹음 정영진 **성우** 유남희, 최정호, 손영상 **인쇄** 한영문화사

ISBN 978-89-7300-976-3 18710
978-89-7300-875-9 (세트)
값 16,000원

* 사진 촬영에 협조해 주신 Van Den Peereboom Gilles E. M., Qiao Shanshan, Biernath Anne Madlen, Suzuki Makiko, Ishizawa Shinji, Saygi Kemal 씨, 이화여자대학교 언어교육원 학생들과 이화여자대학교 학생들에게 감사를 드립니다.

* 잘못된 책은 바꾸어 드립니다.

* 이 도서의 국립중앙도서관 출판시도서목록(CIP)은 서지정보유통지원시스템 홈페이지(http://seoji.nl.go.kr)와 국가자료공동목록시스템(http://www.nl.go.kr/kolisnet)에서 이용하실 수 있습니다.(CIP제어번호: CIP2013004570)

이화여자대학교 언어교육원
梨花女子大學語言教育中心

이화 한국어

이미혜 · 김현진 · 구재희 · 윤영 · 이수행 · 권경미 · 유선희 지음

中國語版

1-1

EPRESS

책을 펴내면서

이화여자대학교 언어교육원은 국내 최초의 의사소통 중심 교재 『말이 트이는 한국어(Pathfinder in Korean)』를 발간한 지 12년 만에 새로운 의사소통 중심 교재 『이화 한국어(Ewha Korean)』를 발간하게 되었습니다. 지난 10여 년 동안 『말이 트이는 한국어(Pathfinder in Korean)』는 세계 각국에서 한국어 교재로 널리 사용되어 왔으며 현재까지도 외국인들에게 한국어 학습의 좋은 길잡이가 되고 있습니다. 그러나 새로운 시대 흐름에 맞춘 교재 집필이 필요하다고 생각되어 언어교육원에서는 2008년부터 『이화 한국어(Ewha Korean)』 개발에 착수하였으며, 교육과학기술부의 '2009 한국어 연수 프로그램 지원사업'에 선정되어 교재 개발에 박차를 가할 수 있게 되었습니다. 그리고 지난 일 년 간 언어교육원 한국어 과정에서 몇 차례의 시험 사용, 수정 작업을 거쳐 발간하기에 이르렀습니다. 『이화 한국어(Ewha Korean)』 시리즈는 1급에서 6급까지 총 30권의 교재와 연습서로 구성되며, 앞으로 단계적으로 발간될 예정입니다.

『이화 한국어(Ewha Korean)』는 말하기 · 듣기 · 읽기 · 쓰기의 통합 교재이며 초급부터 고급까지 연계적으로 구성되어 있습니다. 이 교재는 네 가지 언어 기능의 균형 있는 발전을 유도하면서도 특히 말하기 능력을 강화하도록 고안된 것이 특징입니다. 말하기 연습을 유도하는 장치로 'Try it'을 활용하였는데 이것은 외국인 학습자가 주도적으로 대화를 이끌어 갈 수 있도록 담화 순서와 문장의 핵심어를 담은 것입니다. 이 장치를 따라 말하기 연습을 함으로써 학습자는 단순 암기 방식에서 벗어나서 주도적으로 대화를 이끌어 가는 능력을 기를 수 있을 것입니다. 또한 최근 학습자 성향과 편의를 고려하여 1~3급은 교재를 두 권으로 구성하였으며, 1급과 2급은 영어, 일본어, 중국어(간체, 번체)로 설명을 넣는 등 세밀하게 학습자 요구를 반영하고자 하였습니다.

이화여자대학교 언어교육원을 대표하여, 『이화 한국어(Ewha Korean)』가 출간되기까지 이 책의 저자들이 쏟은 열정과 노고에 대해서 깊은 감사를 드립니다. 또한 내용 구성에 많은 조언을 해 주신 이해영, 김영규, 최형용, 박선희 교수님께 감사의 말씀을 드리며, 문학 부분에 조언을 해 주신 김현자 교수님께도 감사의 말씀을 드립니다. 또한 편집과 출판을 맡아 주신 이화여자대학교출판문화원에도 고마움을 전합니다.

앞으로 『이화 한국어(Ewha Korean)』가 국내외에서 한국어 교재로 널리 활용되어 한국어를 쉽고 재미있고 효과적으로 교수 · 학습하는 데 기여하기를 기대합니다.

2010년 6월

이화여자대학교 언어교육원

원장 양 혜 순

前言

梨花女子大學語言教育中心編撰的『말이 트이는 한국어(Pathfinder in Korean)』, 是國內最初以溝通交際爲中心編寫的語言教材。在出版12年之際, 我們又出版了一套以溝通交際爲中心的新教材: 『이화 한국어(Ewha Korean)』。在過去的十幾年裏『말이 트이는 한국어(Pathfinder in Korean)』被世界各國作爲韓國語教材廣泛地使用, 至今爲止仍然是外國人學習韓國語的先導教材。爲了適應時代的變化我們認爲有必要對此書進行修訂, 並於2008年開始著手編寫『이화 한국어(Ewha Korean)』, 由於被教育科學技術部的"2009韓國語研修項目支援事業"選定, 加快了開發的步伐。去年經過語言教育中心韓國語課程的幾輪試用與反複修改, 這套教材終於要提前面世。本套教材從第一級到第六級, 是一套總數爲30部的系列教材, 由教材和練習兩部分構成。今後逐級編寫出版。

『이화 한국어(Ewha Korean)』系列教材結合聽、說、讀、寫, 由初級到高級系統地編寫而成, 可作爲韓國語教育課程的主教材使用。本教材的突出特點是在引導學生均衡四項語言技能的發展的同時, 強化說話能力。說話部分活用的"Try it"作爲引導說話練習的機制, 引導外國學生進行主導的對話, 其中不僅包括談話的順序, 而且包括完成句子所需的關鍵詞語。利用這一機制進行會話練習, 使學生脫離死記硬背的方式, 培養學生主導對話的能力。另外考慮到學習者的心理的同時爲方便起見, 第一級至第三級教材每一級分成兩冊, 與此同時一級、二級還配有英語、日語、漢語(簡體字、繁體字)的說明翻譯等, 細致地反映了學習者的要求。

『이화 한국어(Ewha Korean)』系列教材的編寫, 編者們自始至終給予了熱情支持並付出了的辛勤勞動, 借此機會我們代表梨花女子大學語言教育院向他們表示由衷的感謝; 同時, 向爲此書提出過寶貴意見的李海瑛 教授、金榮圭教授、崔炯龍教授、樸善姬教授以及爲文學部分提供寶貴建議的金賢子教授示表示真誠的謝意; 此外, 我們還要對負責出版工作的梨花女子大學出版文化院表達感激之情。

期望今後『이화 한국어(Ewha Korean)』能成爲國內外韓國語教學廣泛使用的教材, 讓外國朋友簡單、有趣、有效地學習韓國語。

2010年6月

梨花女子大學語言教育中心院長 梁慧順

차례 目錄

교재 구성표

단원	제목	내 용			
		Part 1		Part 2	
		준비합시다	말해 봅시다	준비합시다	말해 봅시다
1	한국어와 한글	한국어와 한글 소개		한글 익히기	
2	소개	입니다, 입니까 은/는(주제)	인사 나누기 표현 만났을 때 인사하기 이름 소개하기 국적 묻기 발음 입니다[임니다]	이/가 아닙니다 수 ①	자기 소개하기 표현 직업 묻기 상대방의 이야기를 듣고 반응하기 만났을 때 반가움 표현하기
3	학교 생활	–습니다, –습니까 이/가 을/를 어휘 학교생활	한국 생활에 대해 말하기 표현 한국 생활에 대해 묻기 발음 한국어[한구거]	날짜 에(방향)	수업 일정에 대해 말하기 표현 날짜 묻기 요일 묻기
4	집	이, 그, 저 에(위치) 하고, 과/와 어휘 위치	기숙사 시설 위치 알려 주기 표현 시설 위치 묻기 부탁하기 발음 있습니다[읻씀니다]	–(으)세요 (으)로(방향)	장소 위치 설명하기 표현 장소 위치 묻기 방향 지시하기
5	하루 일과	수 ② 시간 에(시간) 어휘 일상생활	스포츠센터 프로그램 정보 얻기 표현 프로그램에 대해 묻기 발음 여덟[여덜]	부터～까지 –아/어요	하루 일과 말하기 표현 시간 말하기
6	주말	에서(장소) 안 으 탈락 어휘 주말 활동 시간 관련 어휘	주말 활동 이야기하기 표현 주말 활동에 대해 묻기 부러움 표현하기 발음 같이[가치]	–았/었– 도	여행 경험 말하기 표현 지난 휴가에 대해 묻기
7	가족	나이 은/는(대조)	친구에게 형제 소개하기 표현 형제의 수 묻기	–(으)시– ㄹ 탈락 만 어휘 가족 관계 직업	친구에게 가족 소개하기 표현 가족의 수 묻기 나이 묻기 발음 어떻게 [어떠케]

내 용			
Part 3		Culture & Literature	
들어 봅시다	읽고 써 봅시다	문화 알아보기	문학 맛보기
문장 만들기		–	
전화번호를 묻는 대화 듣기 표현 감사 표현하기 층, 호수 묻기	자기 소개의 글 읽고 쓰기	한국인의 이름과 호칭	개구리 (시)
학교생활에 대한 대화 듣기	동아리 안내문 읽고 쓰기	한국의 교육 제도	일요일 행진곡 (시)
물건 위치를 묻는 대화 듣기	집 소개의 글 읽고 쓰기	온돌	섬 (시)
하숙집 생활에 대한 대화 듣기 표현 식사 시간 묻기	하루 일과에 대한 글 읽고 쓰기	한국인과 수	오륙도 (시조)
어제 한 일에 대한 대화 듣기 표현 망설임 표현하기	여행 경험에 대한 글 읽고 쓰기	한국인의 주말 활동	고백 (시)
가족사진에 대한 대화 듣기	가족 소개의 글 읽고 쓰기	가족 호칭	엄마야 누나야 (시)

教材編寫說明表

單元	題目	內容			
		Part 1		Part 2	
		語法與生詞	說話	語法與生詞	說話
1	韓國語和韓文字母	紹介韓國語與韓文		韓語音節認讀	
2	介紹	입니다, 입니까 은/는(話題)	打招呼 表達 見面打招呼 介紹名字 問國籍 發音 입니다 [임니다]	이/가 아닙니다 수 ①	自我介紹 表達 問職業 聽了別人的話後，應做出的反應 表達見面時高興的心情
3	學校生活	–습니다, –습니까 이/가 을/를 詞彙 學校生活	說說在韓國的生活 表達 詢問在韓國的生活狀況 發音 한국어 [한구거]	日期 에(方向)	課程的安排 表達 日期的問法 星期的問法
4	家	이, 그, 저 에(位置) 하고, 과/와 詞彙 位置	說明宿舍設施的位置 表達 問設施位置 請人關照 發音 있습니다 [읻씀니다]	–(으)세요 (으)로(方向)	說明某場所的位置 表達 地點位置 詢問場所位置
5	我的一天	수 ② 시간 에(時間) 詞彙 日常生活	詢問運動中心的課程資訊 表達 詢問運動中心的課程表 發音 여덟 [여덜]	부터 ～ 까지 –아/어요	話說一天的生活 表達 時間段表達
6	周末	에서(場所) 안 으 탈락 詞彙 周末活動 有關時間的詞彙	說說周末活動 表達 詢問周末活動 表達羨慕的方法 發音 같이 [가치]	–았/었– 도	談旅遊的經驗 表達 詢問度假的情況
7	家人	나이 은/는(對照)	向朋友介紹自己的兄弟姐妹 表達 詢問兄弟姐妹的人數	–(으)시– ㄹ 탈락 만 詞彙 親屬關係 職業	向朋友介紹你家人 表達 詢問家庭成員的人數 問年齡 發音 어떻게 [어떠케]

內容			
Part 3		**Culture & Literature**	
聽力	閱讀與寫作	文化	文學
句法		–	
問答電話號碼的對話 表達 表達感謝的方法 問樓數和房間號碼	讀寫自我介紹文	韓國人的名字與稱呼	개구리 (詩)
有關學校生活的對話	讀寫社團活動的公告	韓國的教育制度	일요일 행진곡 (詩)
有關表示東西的位置的對話	讀寫介紹住處的文章	暖炕	섬 (詩)
有關宿舍生活的對話 表達 問開飯時間	讀寫一天生活的文章	韓國人與數字	오륙도 (詩歌)
有關昨天所做的事情的對話 表達 表達遲疑的方法	讀寫遊記	韓國人的周末活動	고백 (詩)
有關全家福的對話	讀寫介紹家人的文章	親屬稱謂	엄마야 누나야 (詩)

교재 구성과 사용법 教材編寫說明與使用方法

- 『이화 한국어 1-1』은 1~7과, 『이화 한국어 1-2』는 8~15과로 이루어져 있습니다.
  《梨花韓國語1-1》共分爲七課(從第1課到第7課)，《梨花韓國語1-2》共分爲八課(從第8課到第15課)。

- 1과 '한국어와 한글'은 한글 자모를 읽히고 한국어 문장 구성을 익히는 기초 단원입니다.
  第1課《韓語與韓文字母》是學習韓文字母與句子認讀的基礎單元。

- 2과부터 각 단원은 Part 1, 2, 3과 'Culture & Literature'로 구성되어 있습니다. Part 1, 2, 3은 문법, 말하기, 듣기, 읽기, 쓰기를 학습하는 부분이며, 'Culture & Literature'는 한국의 문화를 알아보고 문학 작품을 접해 보는 부분입니다.
  從第2課開始分成 Part 1、Part 2、Part3和Culture & Literature四個部分。 Part 1、Part 2、Part3又分爲語法、說話、聽力、閱讀、寫作五個部分; Culture & Literature是了解韓國文化和接觸韓國文學作品的單元。

단원 구성 單元構成

단원 표지 單元體例

사진 자료로 단원의 내용을 알 수 있도록 보여 줍니다.
使用照片幫助理解每個單元的內容。

단원의 학습 내용과 목표를 알려 줍니다.
提示單元學習內容和學習目標。

Part1 Part2

준비합시다와 말해 봅시다로 구성되어 있습니다. 준비합시다에서 2~3개의 문법과 어휘들을 학습하고, 말해 봅시다에서 실제적인 말하기 과제를 연습해 봅니다.

由《준비합시다》和《말해 봅시다》結句。在《준비합시다》中將學習兩三個語法和一些生詞；在《말해 봅시다》中將練習一些實用會話。

문법을 학습하기 전에 학생이 문법의 쓰임과 의미에 대해 생각해 볼 수 있도록 간단한 질문을 제시했습니다.
在學習語法之前先給出簡單的提示，引導學生對語法點的用法和意義進行主動的思考。

상황이 있는 그림과 예문으로 문법이 언제, 어떻게 사용되는지를 알려 줍니다.
使用具有情境的圖片和例文讓學生領會到語法點該什麼時候用、怎麼用。

문법의 의미(쓰임)를 명확하게 알 수 있도록 설명을 제시했으며, 형태 정보를 도식화하여 간략하게 보여 주고 예를 제시했습니다. (N = 명사, A = 형용사, V = 동사)
爲了讓學生更明確地理解語法點的用法，我們採用公式化對語法進行簡單地說明。(N=名詞, A=形容詞, V=動詞)

문법 연습을 말하기 활동으로 제시했습니다. 연습 방법을 알 수 있도록 번역된 지시문과 〈보기〉를 제시했습니다.
使用對話的形式練習語法點，爲了使學生明確練習的方法我們提供了譯文和例句。

단원 주제와 관련된 어휘들을 그림과 함께 제시했습니다.
用圖片提示單元主題和相關詞語。

말하기 과제의 내용, 상황, 대화자의 역할을 그림과 설명으로 제시했습니다.

用圖片和文字說明提示說話練習的內容、情況及對話練習的角色。

모범 대화문을 학습하기 전에 주어진 역할에 맞게 대화를 만들어 보는 연습입니다. 말풍선에 제시된 핵심어를 보면서 두 사람이 대화를 만들어 봅니다. Try it은 암기에 의존하지 않고 스스로 대화를 주도하면서 구성하는 능력을 길러 줍니다.

學習示範對話之前，利用所給的角色身份進行對話的練習，根據對話框裏所提示的句子由兩個人來完成對話。在“試試看”部分脫離死記硬背的方法，引導學生主導對話。

대화의 흐름과 주요 내용을 알려 주는 것으로 담화에 대한 이해력, 구성 능력을 길러 줍니다.

利用對話的流向和內容培養學生提高理解力和構句能力。

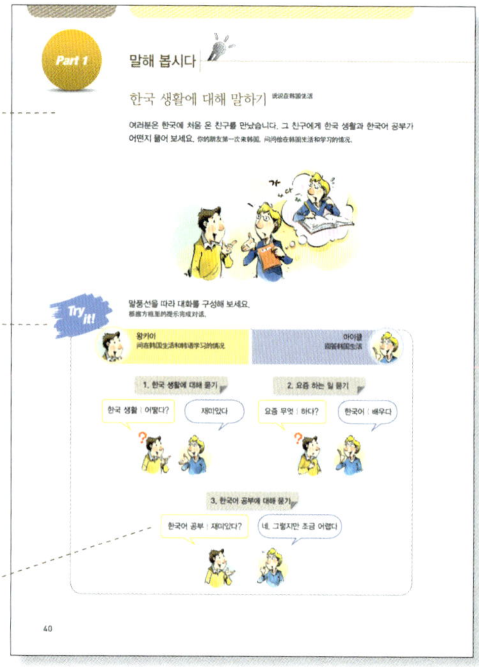

Part 1 말해 봅시다

한국 생활에 대해 말하기

여러분은 한국에 처음 온 친구를 만났습니다. 그 친구에게 한국 생활과 한국어 공부가 어떤지 물어 보세요. 你的朋友第一次来韩国，问问他在韩国生活和学习的情况。

Try it!

말풍선을 따라 대화를 구성해 보세요.

40

모범 대화문입니다.

示範對話

대화문에 포함된 주의할 발음에 대해 설명과 예를 제시했습니다.

把對話中應該注意的發音做以說明和例示。

말하기 과제 수행에 필요한 기능 표현입니다. 살아 있는 표현들이므로 실생활에서 유용하게 사용할 수 있습니다.

完成對話練習所需要的技能表現，都是一些活語言，常用於現實生活中。

교실에서 사용할 수 있는 확장 연습을 제시했습니다. 상황에 맞게 변형하여 활용할 수 있습니다.

在課堂上進行的擴展練習，可以根據情景的變化進行活用。

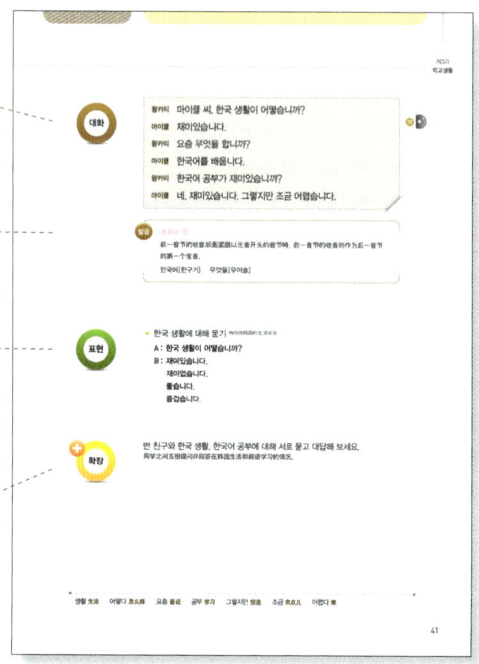

대화

왕카이 마이클 씨, 한국 생활이 어떻습니까?
마이클 재미있습니다.
왕카이 요즘 무엇을 합니까?
마이클 한국어를 배웁니다.
왕카이 한국어 공부가 재미있습니까?
마이클 네, 재미있습니다. 그렇지만 조금 어렵습니다.

발음

한국어[한구거] 무엇을[무어슬]

표현

한국 생활에 대해 묻기

A : 한국 생활이 어떻습니까?
B : 재미있습니다.
재미없습니다.
좋습니다.
즐겁습니다.

확장

반 친구와 한국 생활, 한국어 공부에 대해 서로 묻고 대답해 보세요.

생활 生活 어떻다 怎么样 요즘 最近 공부 学习 그렇지만 但是 조금 有点儿 어렵다 难

41

Part3

들어 봅시다와 읽고 써 봅시다로 구성되어 있습니다.

由聽力和讀寫兩個部分構成。

듣기 전 단계에서 활용하는 상황 그림과 질문입니다. 들을 내용을 예측하고, 어휘나 표현을 확인하는 데 도움이 됩니다.

活用於聽力學習之前的情景對話和提問，幫助學生預測所聽的內容以及在聽力中將出現的詞語和表達。

듣기 단계에서 활용할 이해 확인 문제입니다. 무엇에 중점을 두고 들어야 하는지를 안내해 줍니다.

活用於聽力單元的確認題，引導學生明白應該著重去聽什麼。

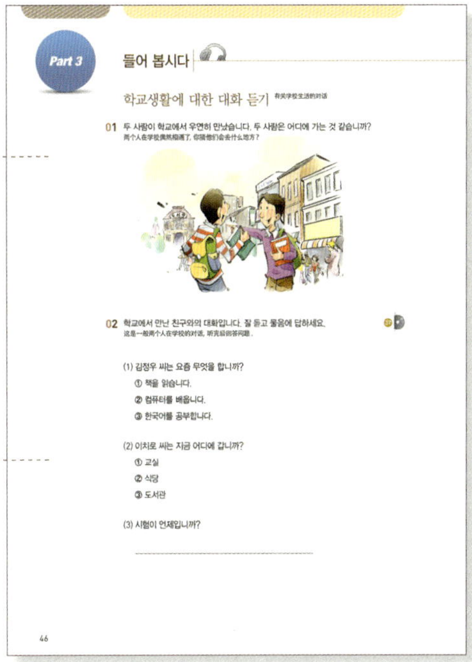

읽기 전 단계에서 활용하는 활동입니다. 주제와 관련된 정보를 얻고, 어휘나 표현을 확인하는 데 도움이 됩니다.

活用於閱讀學習之前的活動。幫助學生獲得和主題相關的情報，提示確認詞彙和表達。

다양한 유형의 글을 읽기 자료로 제시했습니다.

閱讀資料例舉了多樣的模式。

읽기 단계에서 활용할 이해 확인 문제입니다.

閱讀以前幫助理解確認的活用題。

읽기 학습을 쓰기로 연결한 활동입니다. 읽은 글과 유사한 종류의 글을 써 보는 연습입니다.

把閱讀和寫作聯結起來的活動，模仿閱讀的文章寫同類文章的練習。

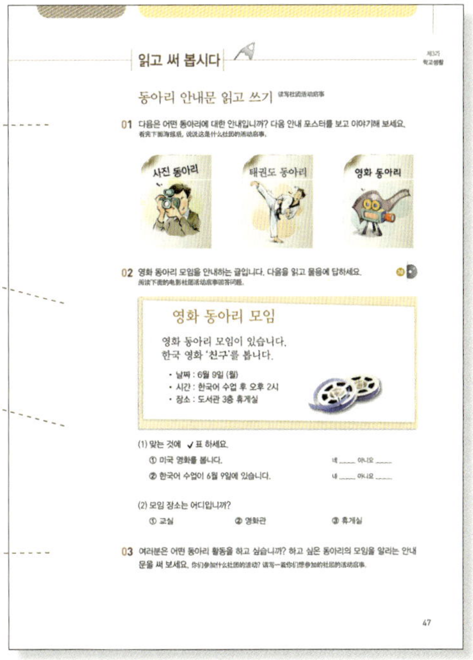

Culture & Literature

문화 알아보기와 문학 맛보기로 구성되어 있습니다.

由了解文化和文學體驗兩部分構成。

단원 주제와 관련된 문화 내용을 한국어와 외국어로 제시했으며, 사진이나 삽화를 함께 제시했습니다.

同時提供單元主題和與之相關的文化內容的韓國語文本及譯文，並配有照片和插圖。

한국 문화에 대한 이해를 확인하는 질문과 문화상호주의적인 관점에서 자기 나라의 문화와 비교하여 생각해 보는 활동을 제시했습니다.

爲了讓學生更好的理解韓國文化，我們本著文化相互主義的觀點，讓學生在和自己國家文化相比之下進行思考的活動提示。

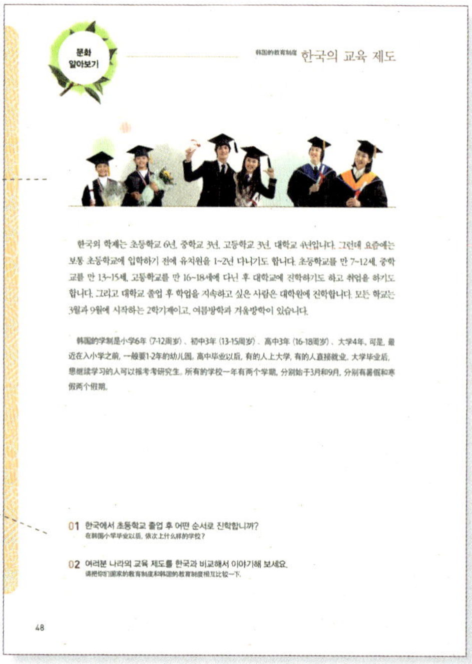

문화 알아보기

韩国的教育制度 한국의 교육 제도

한국의 학제는 초등학교 6년, 중학교 3년, 고등학교 3년, 대학교 4년입니다. 그런데 요즘에는 보통 초등학교에 입학하기 전에 유치원을 1~2년 다니기도 합니다. 초등학교를 만 7~12세, 중학교를 만 13~15세, 고등학교를 만 16~18세에 다닌 후 대학교에 진학하기도 하고 취업을 하기도 합니다. 그리고 대학교 졸업 후 학업을 지속하고 싶은 사람은 대학원에 진학합니다. 모든 학교는 3월과 9월에 시작하는 2학기제이고, 여름방학과 겨울방학이 있습니다.

韩国的学制是小学6年（7-12周岁）、初中3年（13-15周岁）、高中3年（16-18周岁）、大学4年。可是，最近在入小学之前，一般要1-2年的幼儿园。高中毕业以后，有的人上大学，有的人直接就业。大学毕业后，想继续学习的人可以报考考研究生。所有的学校一年有两个学期，分别始于3月和9月，分别有暑假和寒假两个假期。

01 한국에서 초등학교 졸업 후 어떤 순서로 진학합니까?
在韩国小学毕业以后，依次上什么样的学校？

02 여러분 나라의 교육 제도를 한국과 비교해서 이야기해 보세요.
请把你们国家的教育制度和韩国的教育制度相互比较一下。

48

한국 문학을 접해 보고 감상해 보는 부분입니다. 단원 주제와 연관된 내용, 단원의 문법이 활용된 작품 중에서 초급에 적절한 것을 수록했습니다.

接觸、體驗、鑒賞韓國文學的部分。其內容和單元主題相關，同時文中還收錄了在單元中出現過的語法點。

문학 작품을 감상하기 전에 그림이나 사진을 보고 이야기하면서 흥미를 갖도록 하는 부분입니다.

在鑒賞文學作品之前，先看圖說話，以培養學生對內容產生濃厚的興趣。

CD에 녹음된 내용을 들으면서 문학 작품을 감상해 보는 것입니다. 문학 작품의 전문 또는 일부를 수록했습니다.

這是讓學生邊聽CD錄音邊鑒賞的部分，這裏收錄了文學作品的節選或原文。

자신의 생각이나 느낌을 표현해 보는 활동입니다.

這是表現個人想法和對文學的自我感受的活動。

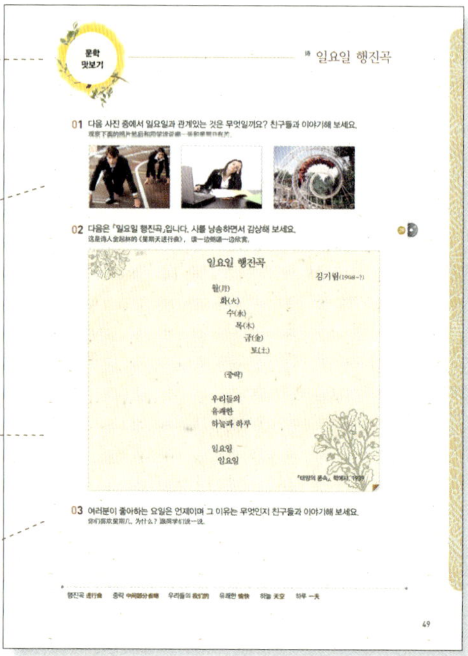

문학 맛보기

일요일 행진곡

01 다음 사진 중에서 일요일과 관계있는 것은 무엇일까요? 친구들과 이야기해 보세요.

02 다음은 「일요일 행진곡」입니다. 시를 낭송하면서 감상해 보세요.
这是诗人金起林的《星期天进行曲》，请一边朗读一边欣赏。

일요일 행진곡

김기림(1908~?)

월(月)
화(火)
수(水)
목(木)
금(金)
토(土)

(중략)

우리들의
유쾌한
하늘과 하루

일요일
일요일

『태양의 풍속』, 학예사, 1939

03 여러분이 좋아하는 요일은 언제이며 그 이유는 무엇인지 친구들과 이야기해 보세요.

행진곡 进行曲　중략 中间部分省略　우리들의 我们的　유쾌한 愉快　하늘 天空　하루 一天

49

주요 인물 主要人物

마이클 美國人
ELC學生
公司職員(梨花貿易)
요코 日本人
ELC學生
나타샤 俄羅斯人
ELC學生
家庭主婦
왕카이 中國人
ELC學生
박영민 韓國人
公司職員(梨花貿易)
김수진 韓國人
大學生
미셸 法國人
ELC學生
이치로 日本人
ELC學生
티엔 越南人
ELC學生
主要人物
ELC = Ewha Language Center

제1과

한국어와 한글

韓國語和韓文字母

제 1 과 한국어와 한글 韓國語和韓文字母

Part 1 한국어와 한글 소개
紹介韓國語與韓文

Part 2 한글 익히기
韓語音節認讀

1 모음 (1) 母音 (1)
2 자음 (1) 子音 (1)
3 모음 (2) 母音 (2)
4 자음 (2) 子音 (2)
5 받침 收音

Part 3 문장 만들기
句法

Part 1

한국어와 한글 소개 紹介韓國語與韓文

世界上有多少人使用韓國語？

韓國語是韓國的官方語言。據推算，目前使用人數約有7800萬名，居世界第十二位。韓國語的使用人數雖然比漢語、西班牙語、英語少，但多於法語和意大利語。

以前使用韓國語的人大部分都是韓國人和海外韓僑。然而近年來隨著“韓流”的興起和國際文化交流的增加，全球掀起了學習韓國語和韓國文化的熱潮。在韓國電視劇、電影、音樂等大衆文化的影響下，現在越來越多的外國人以就業和留學爲目的而學習韓國語。

韓文是什麼時候、怎麼創制的？

韓國的文字體系叫做“한글”。1443年，朝鮮王朝第四代國王世宗大王召集“集賢殿”的學士們創制了“한글”。在創制“한글”之前，韓國借用漢字書寫記錄語音，但是在書寫時常常會遇到很多問題。“한글”創制之後，就連老百姓也能輕而易擧地寫出自己的想法了。

世宗大王

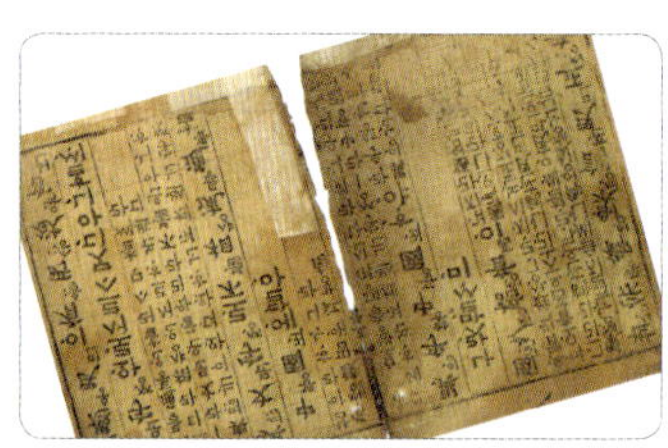

《訓民正音》

한글

대한민국

한국어

이화여자대학교

多樣形體的字體

輔音是以象形和加筆劃的原理創制而成的。五個基本子音(ㄱ，ㄴ，ㅁ，ㅅ，ㅇ)模仿人體發音器官形狀而造，其他子音是在這些基本子音的基礎上添加筆劃而制成的。

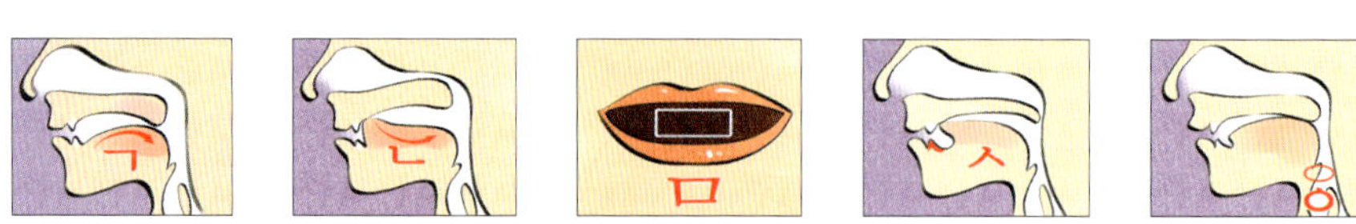

母音分別由“•”、“ㅡ”、“ㅣ”組合而成，它們分別指“天”、“地”、“人”。所有母音都是由這三個基本筆劃組成或在基本筆劃上再添加筆劃組合成新的母音。

韓文是怎麼組成的?

韓國文字是表音文字，由子音(輔音)和母音(元音)組成。現代使用的韓文字母共有40個，其中有19個子音，21個母音。

子音	ㄱ ㄴ ㄷ ㄹ ㅁ ㅂ ㅅ ㅇ ㅈ ㅊ ㅋ ㅌ ㅍ ㅎ ㄲ ㄸ ㅃ ㅆ ㅉ
母音	ㅏ ㅐ ㅑ ㅒ ㅓ ㅔ ㅕ ㅖ ㅗ ㅘ ㅙ ㅚ ㅛ ㅜ ㅝ ㅞ ㅟ ㅠ ㅡ ㅢ ㅣ

書寫“한글”時。以音節爲單位，韓語音節由子音和母音結合而成，分爲初聲、中聲、終聲三部分。只有母音可充當中聲，子音可作初聲(首音)和終聲(韻尾)。子音和母音結合的方法有以下幾種:

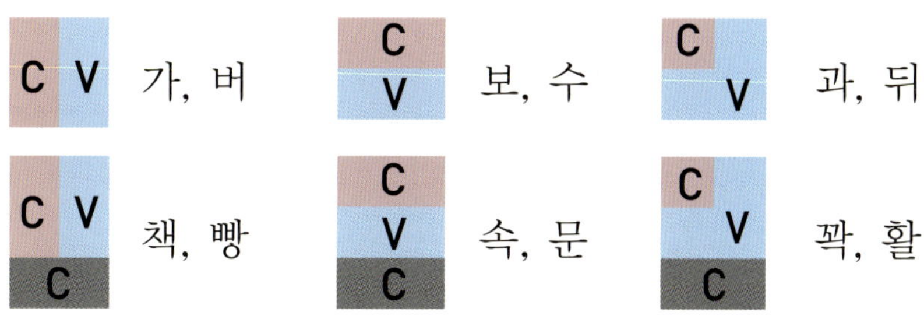

母音可分爲“垂直型”的竪筆母音和“水平型”的橫筆母音。“垂直型”母音(ㅏ, ㅑ, ㅓ, ㅕ, ㅣ)一般位於子音的右邊。“水平型”母音(ㅗ, ㅛ, ㅜ, ㅠ, ㅡ)一般位於子音的下方。如:

ㄱ + ㅏ = 가

ㅂ + ㅗ = 보

모자　한국어

Part 2

한글 익히기 韓語音節認讀

01 모음 (1) 母音 (1)

母音共有21個，分爲10個“基本母音”和在此基礎上組合而成的11個“複合母音”。母音的書寫順序爲從上到下，從左到右。

母音	名稱	發音	筆順	練習		
ㅏ	아	[a]	ㅏ	ㅏ		
ㅑ	야	[ja]	ㅑ	ㅑ		
ㅓ	어	[ə]	ㅓ	ㅓ		
ㅕ	여	[jə]	ㅕ	ㅕ		
ㅗ	오	[o]	ㅗ	ㅗ		
ㅛ	요	[jo]	ㅛ	ㅛ		
ㅜ	우	[u]	ㅜ	ㅜ		
ㅠ	유	[ju]	ㅠ	ㅠ		
ㅡ	으	[ɨ]	ㅡ	ㅡ		
ㅣ	이	[i]	ㅣ	ㅣ		

音節 子音可以作初聲和終聲，母音只作中聲。如果一個母音單獨構成音節，應該在母音前添加“ㅇ”。此時，初聲的“ㅇ”沒有實際音值，“이”的發音等同於“ㅣ”。

ㅇ + ㅣ = 이

ㅇ + ㅜ = 우

연습

1. 聽錄音並選擇正確答案。 2

(1) ① 아 ② 어 ③ 오 (2) ① 여 ② 요 ③ 유

(3) ① 오 ② 어 ③ 으 (4) ① 으 ② 이 ③ 여

(5) ① 요 ② 오 ③ 우 (6) ① 어 ② 오 ③ 요

2. 朗讀並書寫下列生詞。 3

生詞	練習		
오 	오		
이 	이		
오이 	오이		
아이 	아이		
우유 	우유		
여우 	여우		

한글 익히기 韓語音節認讀

02 자음 (1) 子音(1)

子音共有19個，分爲14個“基本子音”和5個“雙子音”。子音必須與母音結合才能構成音節並發出聲音，它不獨立構成音節。當與不同的母音結合時，因位置的不同發音也會有所不同。

子音	名稱	發音	筆順	練習		
ㄱ	기역	[k], [g]	ㄱ	ㄱ		
ㄴ	니은	[n]	ㄴ	ㄴ		
ㄷ	디귿	[t], [d]	ㄷ	ㄷ		
ㄹ	리을	[r], [l]	ㄹ	ㄹ		
ㅁ	미음	[m]	ㅁ	ㅁ		
ㅂ	비읍	[p], [b]	ㅂ	ㅂ		
ㅅ	시옷	[s], [sh]	ㅅ	ㅅ		
ㅇ	이응	-	ㅇ	ㅇ		
ㅈ	지읒	[c]	ㅈ	ㅈ		
ㅊ	치읓	[c^h]	ㅊ	ㅊ		
ㅋ	키읔	[k^h]	ㅋ	ㅋ		
ㅌ	티읕	[t^h]	ㅌ	ㅌ		
ㅍ	피읖	[p^h]	ㅍ	ㅍ		
ㅎ	히읗	[h]	ㅎ	ㅎ		

Tip 子音“ㄹ”有兩種發音: [r]和[l]。
1) 介於母音和母音之間時，讀成[r]。如: 소리[sori]
2) 除了1)以外的情況，都讀成[l]。如: 말[mal]

音節

ㅅ + ㅗ = 소

ㄹ + ㅣ = 리

연습

1. 請跟著錄音朗讀。 5

가 나 다 라 마 바 사

아 자 차 카 타 파 하

2. 朗讀並書寫下列生詞。 6

生詞		練習		
나무		나무		
사자		사자		
바지		바지		
허리		허리		
구두	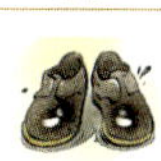	구두		
머리		머리		
비누		비누		
바나나		바나나		

Part 2

한글 익히기 韓語音節認讀

03 모음 (2) 母音 (2)

7

複合母音共有11個，由基本母音組合而成。

母音	名稱	發音	筆順	練習		
ㅐ	애	[ɛ]		ㅐ		
ㅒ	얘	[jɛ]		ㅒ		
ㅔ	에	[e]	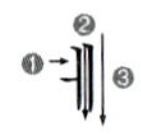	ㅔ		
ㅖ	예	[je]	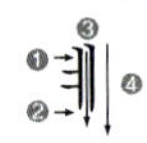	ㅖ		
ㅘ	와	[wa]	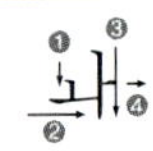	ㅘ		
ㅙ	왜	[wɛ]	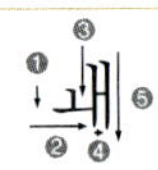	ㅙ		
ㅚ	외	[we]		ㅚ		
ㅝ	워	[wə]		ㅝ		
ㅞ	웨	[wø]	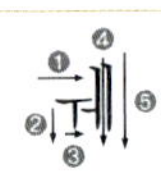	ㅞ		
ㅟ	위	[wi]		ㅟ		
ㅢ	의	[iɨ]		ㅢ		

Tip 1) "ㅐ"、"ㅔ" 兩個母音的發音不同，分別爲[ɛ]和[e]，但通常說話時不進行嚴格的區別。
2) "ㅙ"、"ㅚ"、"ㅞ" 三個母音發音不同，分別爲[wɛ]、[we]、[wø]，但通常說話時不進行嚴格的區別。

比上幾種差不多的發音情況，拼寫法不同，意思也各不相同，書寫時應注意。

音節

ㄷ	+	ㅟ	=	뒤
ㅎ	+	ㅘ	=	화

연습

1. 聽錄音並選擇正確答案。

(1) ① 워　② 외　③ 웨　(2) ① 애　② 예　③ 왜
(3) ① 뇌　② 네　③ 뉘　(4) ① 줘　② 죄　③ 쥐
(5) ① 배　② 봐　③ 뷔　(6) ① 개　② 과　③ 귀

2. 朗讀並書寫下列生詞。

生詞	練習		
개 	개		
시계 	시계		
사과 	사과		
돼지 	돼지		
회사 	회사		
웨이터 	웨이터		
가위 	가위		
의사 	의사		
귀 	귀		
추워요 	추워요		

한글 익히기 韓語音節認讀

04 자음 (2) 子音(2)

10

雙子音由相同的基本子音重疊而成。共有5個：ㄲ, ㄸ, ㅃ, ㅆ, ㅉ。

子音	名稱	發音	筆順	練習		
ㄲ	쌍기역	[kk]	ㄲ	ㄲ		
ㄸ	쌍디귿	[tt]	ㄸ	ㄸ		
ㅃ	쌍비읍	[pp]	ㅃ	ㅃ		
ㅆ	쌍시옷	[ss]	ㅆ	ㅆ		
ㅉ	쌍지읒	[cc]	ㅉ	ㅉ		

子音按發音方法分爲鬆音、送氣音、緊音，這是韓國語發音的特點之一。鬆音是沒有氣流的破裂或無緊張而發出的聲音；送氣音是氣流強烈衝出嘴巴而發出的音；緊音是舌頭肌肉在緊張狀態下發出的聲音。

發音方法	名稱				
鬆音	ㄱ	ㄷ	ㅂ	ㅅ	ㅈ
送氣音	ㅋ	ㅌ	ㅍ		ㅊ
緊音	ㄲ	ㄸ	ㅃ	ㅆ	ㅉ

音節

ㄲ + ㅏ = 까

ㄸ + ㅗ = 또

연습

1. 請跟著錄音朗讀。 11

까 따 빠 싸 짜
꼬 또 뽀 쏘 쪼
꾸 뚜 뿌 쑤 쭈

2. 朗讀並書寫下列生詞。 12

生詞	練習		
토끼 	토끼		
찌개 	찌개		
코끼리 	코끼리		
아빠 	아빠		
꼬리 	꼬리		
짜다 	짜다		
쓰다 	쓰다		
예쁘다 	예쁘다		
차다 	차다		
타다 	타다		

한글 익히기 韓語音節認讀

05 받침 收音

13

位於終聲位置的子音叫做“收音”。除了“ㄸ”、“ㅃ”、“ㅉ”以外，其他的16個子音都可作收音，但這些子音在作收音時有些跟自己原本所發的音不一樣，變成終音的七個代表音[ㄱ]、[ㄴ]、[ㄷ]、[ㄹ]、[ㅁ]、[ㅂ]、[ㅇ]中的一個。

收音	發音	例子
ㄱ, ㅋ, ㄲ	[k]	책, 식사, 부엌, 밖, 섞다
ㄴ	[n]	산, 문, 손, 눈, 편지
ㄷ, ㅅ, ㅈ, ㅊ, ㅌ, ㅎ, ㅆ	[t]	듣다, 옷, 낮, 꽃, 끝, 파랗다, 있다
ㄹ	[l]	길, 말, 술, 쌀
ㅁ	[m]	밤, 몸, 삼, 솜
ㅂ, ㅍ	[p]	밥, 입, 잡다, 앞, 덮다
ㅇ	[ŋ]	강, 공, 방, 종, 총, 강아지

Tip “ㄵ, ㄶ, ㄼ, ㅄ, ㄺ, ㄻ”等雙收音，有的發第一個子音，有的發第二個子音。

發第一個子音的有：ㄵ, ㄶ, ㄼ, ㅄ
如：앉다[안따], 많다[만타], 여덟[여덜], 값[갑], 없다[업따]

發第二個子音的有：ㄺ, ㄻ
如：닭[닥], 밝다[박따], 맑다[막따], 삶[삼], 젊다[점따]

音節

ㄱ + ㅏ + ㅂ = 갑

ㅁ + ㅗ + ㄱ = 목

연습

1. 聽錄音並選擇正確答案。

14

(1) ① 삼　② 산　③ 상　(2) ① 말　② 만　③ 맛

(3) ① 꽃　② 꼭　③ 꽁　(4) ① 밖　② 밭　③ 밥

(5) ① 밥　② 방　③ 반　(6) ① 길　② 김　③ 긴

2. 朗讀並書寫下列生詞。

15

生詞	練習	生詞	練習
책 		부엌 	
밖 		산 	
듣다 		옷 	
낮 		꽃 	
끝 		말 	
섬 		몸 	
밥 		앞 	
공 		방 	

Part 3

문장 만들기 句法

句法

16

韓國語的句子一般由"主詞+動詞"或"主詞+受詞+動詞"組成。在主詞後面添加主格助詞"이"或"가", 在受詞後面添加賓格助詞"을"或"를", 主詞和受詞可調換位置。在主詞已知的情況下, 說話時可以省略。

아이가 잡니다

主詞 動詞

제임스 씨가 커피를 마십니다.

主詞 受詞 動詞

在句子裏, 動詞可以變成多種形態。這種變化是在詞幹後面添加各種詞尾而實現的。比如, "가다"是個動詞原型, 詞幹爲"가-"。在"가"的後面添加不同的詞尾, 可變化成"가요、갑니다、갑니까、갔습니다、가겠습니다、가세요"等形式。不同的詞尾變化, 可表示尊敬、時態、語序等意義。豐富的詞尾和助詞是韓國語的特點之一。

요코가 옵니다. 陽子來。

요코가 옵니까? 陽子來嗎?

요코가 왔습니까? 陽子來了嗎?

연습

1. 聽錄音並選擇正確答案。

17

(1) ① 선생님이 갑니다. 老師去。
② 선생님이 갑니까? 老師去嗎?

(2) ① 제임스가 사과를 먹습니다. 詹姆斯吃蘋果。
② 제임스가 바나나를 먹습니다. 詹姆斯吃香蕉。

(3) ① 아이가 공부합니다. 小寶寶學習。
② 아이가 공부했습니다. 小寶寶學習了。

(4) ① 돈이 있어요? (你)有錢嗎?
② 돈이 있어요. (我)有錢。

2. 朗讀下列句子。

18

(1) 친구가 한국어를 공부합니다. (我)朋友學習韓國語。
(2) 아이가 빵을 좋아합니다. 小寶寶喜歡吃麵包。
(3) 수지가 커피를 마십니다. 秀智喝咖啡。
(4) 친구가 옵니다. (我)朋友來。

3. 使用下列所給的詞語造句。

19

(1) 학생이 / 읽습니다 / 책을 學生 / 唸 / 書
→ 학생이 책을 읽습니다.

(2) 먹습니다 / 한국 사람이 / 김치를 吃 / 韓國人 / 泡菜
→ 한국 사람이 김치를 먹습니다.

(3) 선생님이 / 학생을 / 만납니다 老師 / 學生 / 見面
→ 선생님이 학생을 만납니다.

(4) 개가 / 갑니다 狗 / 去
→ 개가 갑니다.

제2과

소개

介紹

제 2 과 소개 介紹

Part 1

준비합시다	1 입니다, 입니까　2 은/는(話題)
말해 봅시다	인사 나누기 打招呼

Part 2

준비합시다	1 이/가 아닙니다　2 수 ①
말해 봅시다	자기 소개하기 自我介紹

Part 3

들어 봅시다	전화번호를 묻는 대화 듣기 問答電話號碼的對話
읽고 써 봅시다	자기 소개의 글 읽고 쓰기 讀寫自我介紹文

CULTURE & LITERATURE

문화 알아보기	한국인의 이름과 호칭 韓國人的名字與稱呼
문학 맛보기	시 詩「개구리」

준비합시다

01 입니다, 입니까

20

사물이나 사람의 이름을 알려 주거나 물을 때 어떻게 말할까요?
如何陳述或詢問事物及人的名字?

한국어 책입니다.

A 선생님입니까?

B 네, 선생님입니다.

문법

N + 입니다, 입니까

"입니다"爲尊敬階終結詞尾, 用於名詞後, 指事物或人的名稱。疑問式爲"입니까"。如:

책상 + 입니다 → 책상입니다　　전화 + 입니까 → 전화입니까?

연습

다음 물건이 무엇인지 친구들과 서로 묻고 대답해 보세요.
先觀察下列圖畫, 然後根據例句完成對話。

보기

사전

A 사전입니까?

B 네, 사전입니다.

① 
책상

② 
의자

③ 
가방

④ 
공책

⑤ 
전화

⑥ 
연필

- 한국어 책 韓國語書
- 선생님 老師
- 네 是、對
- 사전 詞典、字典

02 은/는(話題)

사람이나 사물을 화제로 하여 소개할 때 어떻게 말할까요?
如何把人或事物當作話題來介紹?

김수진은 한국 사람입니다.

김수진은 학생입니다.

문법

N + 은/는

"은/는"爲助詞, 表示句子的話題。如:

子音 + 은 예 마이클은, 선생님은

母音 + 는 예 요코는, 의자는

연습

- 한국 사람 韓國人
- 학생 學生、同學
- 미국 사람 美國人
- 회사원 公司職員
- 일본 사람 日本人
- 은행원 銀行職員
- 프랑스 사람 法國人
- 영화배우 電影演員、影星
- 러시아 사람 俄羅斯人
- 주부 家庭主婦
- 몽골 사람 蒙古人
- 요리사 廚師
- 호주 사람 澳洲人
- 의사 醫生、大夫

다음 사람들의 국적, 직업을 말해 보세요.
說一說這些人的國籍和職業。

보기 마이클

미국 사람/회사원

마이클은 미국 사람입니다.
마이클은 회사원입니다.

① 요코

일본 사람/학생

② 장민수

한국 사람/은행원

③ 소피

프랑스 사람/영화배우

④ 나타샤

러시아 사람/주부

⑤ 바트

몽골 사람/요리사

⑥ 크리스

호주 사람/의사

Part 1

말해 봅시다

인사 나누기 打招呼

여러분은 오늘 처음 만났습니다. 서로 인사를 나누고 직업, 국적 등을 물어보세요.
各位今天第一次見面，先互相打個招呼，然後詢問對方的職業和國籍等個人背景。

Try it!

말풍선을 따라 대화를 구성해 보세요.
根據方框裏的提示完成對話。

박영민 韓國人, 公司職員	요코 日本人, 學生

1. 인사하기 / 이름 소개하기

- 안녕하세요 / 저 | 박영민
- 안녕하세요 / 저 | 요코

2. 국적 묻기

- 어느 나라 사람?
- 일본 사람

3. 직업 묻기

- 요코 씨 | 학생?
- 네, 학생

4. 직업 말하기

- 저 | 회사원

대화

22

박영민 안녕하세요? 저는 박영민입니다.
요코 안녕하세요? 저는 요코입니다.
박영민 어느 나라 사람입니까?
요코 일본 사람입니다.
박영민 요코 씨는 학생입니까?
요코 네, 학생입니다.
박영민 저는 회사원입니다.

발음 鼻音化 ①

"ㄴ"、"ㅁ"位於[ㅂ]後面時, [ㅂ]的發音變成[ㅁ]。如:

입니다[임니다] 입니까[임니까]

표현

■ 만났을 때 인사하기 見面打招呼

A: 안녕하세요?	A: 안녕하십니까?	A: 안녕?
B: 안녕하세요?	B: 안녕하십니까?	B: 안녕?

Tip "안녕하세요"、"안녕하십니까"、"안녕"是見面時的問候語, 使用時不受時間的限制。"안녕하세요"是尊敬式, "안녕하십니까"是尊敬式。"안녕"是非敬式, 用於朋友或晚輩, 見面或分手時都可以使用。

■ 이름 소개하기 介紹名字

저는 요코입니다. / 제 이름은 요코입니다.

■ 국적 묻기 問國籍

A: 어느 나라 사람입니까?	A: 어디에서 왔습니까?
B: 일본 사람입니다.	B: 일본에서 왔습니다.

확장

반 친구와 인사를 나누어 보세요.
請和班裏的同學打個招呼。

· 안녕하세요 你好 · 저 我 (謙稱) · 어느 나라 哪國

Part 2

준비합시다

01 이/가 아닙니다

23

다른 사람이 잘못 알고 있는 것을 고쳐 주려면 어떻게 말할까요?
當別人弄錯時，該如何糾正他？

A 마이클 씨, 캐나다 사람입니까?

B 아니요, 캐나다 사람이 아닙니다. 미국 사람입니다.

문법

N + 이/가 아닙니다

"이/가 아닙니다"用於名詞後面，否定名字、國籍等。"입니다"的否定式。如:

子音 + 이 아닙니다 예 선생님이 아닙니다.

母音 + 가 아닙니다 예 주부가 아닙니다.

연습

다음을 보고 보기와 같이 말하세요.
根據下面的例句說說看。

보기	박영민	학생	(X)	회사원	(O)
①	요코	가수	(X)	학생	(O)
②	장민호	영화배우	(X)	은행원	(O)
③	티엔	태국 사람	(X)	베트남 사람	(O)
④	크리스	영국 사람	(X)	호주 사람	(O)
⑤	나타샤	미국 사람	(X)	러시아 사람	(O)

A 박영민 씨는 학생입니까?

B 아니요, 학생이 아닙니다. 회사원입니다.

- 캐나다 사람 加拿大人
- 아니요 不是
- 가수 歌手
- 태국 사람 泰國人
- 베트남 사람 越南人
- 영국 사람 英國人

02 수 ①

24

전화번호, 자동차 번호 등의 숫자를 어떻게 읽을까요?
如何用韓國語讀電話號碼和車牌號碼？

공일공 삼칠구일 칠이팔사

십칠

이구육육

수 數字 (0～20)

0	1	2	3	4	5	6	7	8	9	10
공, 영	일	이	삼	사	오	육	칠	팔	구	십
	11	12	13	14	15	16	17	18	19	20
	십일	십이	십삼	십사	십오	십육	십칠	십팔	십구	이십

연습

전화번호를 묻고 대답해 보세요.
用電話號碼進行提問並回答。

보기

마이클
010-2370-8845

① 요코 010-4353-9977
② 나타샤 011-2801-6689
③ 김수진 ☎ 02-3374-9765
④ 박영민 ☎ 031-228-1705
⑤ 왕카이 ☎ 070-276-3581
⑥ 서울여행사 1588-1177

- 전화번호 電話號碼
- 무엇 什麼

A 마이클 씨 전화번호는 무엇입니까?
B 공일공에 이삼칠공에 팔팔사오입니다.

Part 2

말해 봅시다

자기 소개하기 自我介紹

여러분은 오늘 학교에서 처음 만났습니다. 서로에게 자신을 소개하고 궁금한 것을 물어 보세요. 今天各位同學在學校初次見面，請做個自我介紹並就對方的個人背景進行提問。

Try it!

말풍선을 따라 대화를 구성해 보세요.
根據方框裏的提示完成對話。

나타샤
俄羅斯人，家庭主婦

티엔
越南人，學生

1. 인사하기 / 이름 소개하기

나타샤: 안녕하세요
저 | 나타샤

티엔: 안녕하세요
저 | 티엔

2. 국적 묻기

나타샤: 필리핀 사람?

티엔: 필리핀 사람×
저 | 베트남 사람

3. 직업 묻기

나타샤: 아, 그래요?
무슨 일 | 하다?

티엔: 학생
무슨 일 | 하다?

4. 인사하기

나타샤: 저 | 주부
만나서 반갑습니다

티엔: 저도 만나서 반갑습니다

대화

25

나타샤	안녕하세요? 저는 나타샤입니다.
티엔	안녕하세요? 저는 티엔입니다.
나타샤	티엔 씨는 필리핀 사람입니까?
티엔	아니요, 필리핀 사람이 아닙니다. 저는 베트남 사람입니다.
나타샤	아, 그래요? 티엔 씨, 무슨 일을 합니까?
티엔	학생입니다. 나타샤 씨는 무슨 일을 합니까?
나타샤	저는 주부입니다. 만나서 반갑습니다.
티엔	저도 만나서 반갑습니다.

표현

- 직업 묻기 問職業

  직업이 무엇입니까?
  무슨 일을 합니까?

- 상대방의 이야기를 듣고 반응하기 聽了別人的話後，所做出的回應。

  아, 그래요?
  네, 그렇습니까?
  그렇군요.

- 만났을 때 반가움 표현하기 表達見面時高興的心情。

  A : 만나서 반갑습니다.
  B : 저도 만나서 반갑습니다.

확장

반 친구와 같이 세 사람이 서로 소개하는 대화를 해 보세요.
三人一組互相做個自我介紹。

· 필리핀 사람 **菲律賓人** · 무슨 일 **什麼事** · 만나다 **見、見面** · 반갑다 **高興**

Part 3

들어 봅시다

전화번호를 묻는 대화 듣기 問答電話號碼的對話

01 다음은 어디입니까? 교실, 사무실은 몇 호인지 말해 보세요.
這是什麼地方? 請說說教室和辦公室的號碼是多少。

02 친구에게 선생님 사무실과 전화번호를 물어보는 대화입니다. 잘 듣고 물음에 답하세요. 這是向朋友詢問老師的辦公室位置及電話號碼的對話, 聽完對話後回答問題。

(1) 김 선생님 사무실은 어디입니까?

① 3층 6호 ② 3층 13호 ③ 2층 8호 ④ 2층 12호

(2) 김 선생님 전화번호는 무엇입니까? ☎ ____________________

표현

■ 감사 표현하기 表達感謝的方法

고맙습니다. 감사합니다. 고마워요.

■ 층, 호수 묻기 問樓數和房間號碼

A: 교실은 몇 층입니까?
B: 5층입니다.

A: 교실은 몇 호입니까?
B: 14호입니다.

사무실 辦公室
층 樓、層
호 號

읽고 써 봅시다

자기 소개의 글 읽고 쓰기 讀寫自我介紹文

01 다음 명함을 보고 이 사람에 대한 여러 정보를 찾아보세요.
觀察下面的名片, 找一找這個人的個人資料

이름 · 직업 · 전화번호 · 이메일 · 주소

이화여자대학교 언어교육원
영어 강사
Erik Park
서울시 서대문구 대현동 11-1
이화여자대학교 언어교육원
Tel. 02-3277-1145
Mobile 010-3379-9154
Email Parkerik@elc.ewha.ac.kr

02 자신을 소개하는 글입니다. 다음을 읽고 물음에 답하세요. 27
這是一篇自我介紹, 閱讀並回答問題。

안녕하십니까?
저는 에릭 박입니다.
미국에서 왔습니다.
재미교포입니다.
저는 영어 선생님입니다.
만나서 반갑습니다.

(1) 이 사람은 누구입니까?

(2) 맞는 것에 ✔표 하세요.

① 이 사람은 캐나다 사람입니다. 네 ______ 아니요 ______

② 이 사람은 한국어 선생님입니다. 네 ______ 아니요 ______

- 이름 名字
- 직업 職業
- 이메일 電子信箱、伊妹兒
- 주소 地址、住址
- 재미교포 美籍韓僑
- 영어 英語
- 누구 誰

03 자신의 명함을 만들어 보세요. 그리고 그 내용으로 자신을 소개하는 글을 써 보세요.
爲自己做一張名片, 然後根據名片上的資料, 寫一篇自我介紹文。

문화 알아보기

韓國人的名字與稱呼 한국인의 이름과 호칭

한국 사람의 이름은 보통 세 글자인데, 성이 한 글자이고 이름이 두 글자입니다. 이름을 쓸 때는 먼저 성을 쓰고 그 다음에 이름을 씁니다. 다른 사람의 이름을 부를 때는 '씨'를 붙여서 '박영민 씨', '영민 씨'라고 부릅니다. 그렇지만 '박 씨'라고 부르지는 않습니다. 또한 '선생님', '사장님' 등의 직함을 사용하여 '박진영 선생님', '김영수 사장님'이라고 부릅니다.

韓國人的姓名一般有三個字, 其中一個字是姓, 兩個字是名字。寫姓名的時候先寫姓, 然後寫名字。稱呼韓國人時, 一般在姓名後加"씨"。比如, 可以叫"박영민 씨", 或者"영민 씨", 但不叫"박 씨"。稱呼長輩時, 一般可以在姓名後加"선생님"、"사장님"等職稱, 叫"박진영 선생님"、"김영수 사장님"。

01 한국 사람의 성과 이름은 어떤 순서로 씁니까?
韓國人的姓名是按什麽順序寫的?

02 여러분의 이름을 쓰고 성과 이름을 말해 보세요. 그리고 어떻게 부르는지 말해 보세요.
寫下你們的姓名, 並說一說別人應該怎麽稱呼你?

01 다음 그림의 사물이나 동물에서는 어떤 소리가 날까요?
下面圖片上的事物或動物會發出什麼樣的聲音?

02 다음 시를 읽어 보세요. 그리고 이 시가 어떤 동물의 소리를 표현한 것인지 생각해 보세요. 28
請朗讀下面的詩, 並想一想這首詩描寫的是哪種動物的聲音。

개구리

한하운(1920~1975)

가갸 거겨
고교 구규
그기 가

라랴 러려
로료 루류
르리 라

『한하운시집』, 인간사, 1956

03 여러분이 좋아하는 동물이나 사물의 소리를 한국어로 써 보세요.
請用韓文寫出你喜歡的動物或東西發出的聲音。

개구리 青蛙

제3과

학교생활

學校生活

제 3 과 학교생활 學校生活

Part 1 준비합시다 — 1 -습니다, -습니까 2 이/가 3 을/를

말해 봅시다 — 한국 생활에 대해 말하기
說說在韓國的生活

Part 2 준비합시다 — 1 날짜 2 에(方向)

말해 봅시다 — 수업 일정에 대해 말하기
課程的安排

Part 3 들어 봅시다 — 학교생활에 대한 대화 듣기
有關學校生活的對話

읽고 써 봅시다 — 동아리 안내문 읽고 쓰기
讀寫社團活動的公告

CULTURE & LITERATURE

문화 알아보기 — 한국의 교육 제도 韓國的教育制度

문학 맛보기 — 시 詩「일요일 행진곡」

Part 1

준비합시다

01 -습니다, -습니까

29

사람들이 무엇을 하는지 묻고 답하거나, 사물이 어떠한지 묻고 답할 때 어떻게 말할까요?
如何對人們的行動進行提問並回答? 如何對事物的狀態進行提問並回答?

A 요코 씨, 공부합니까?
B 네, 공부합니다.

A 재미있습니까?
B 네, 재미있습니다.

문법

A/V + 습니다, 습니까

"습니다"爲尊敬階終結詞尾, 放在形容詞或動詞的後面, 表達事實或想法。疑問式爲"습니까"。如:

子音 + 습니다, 습니까 예 먹습니다, 먹습니까
母音 ㄹ + ㅂ니다, ㅂ니까 예 공부합니다, 공부합니까, 삽니다, 삽니까

연습

다음 그림을 보고 묻고 대답해 보세요.
看圖模仿例句完成對話。

보기

자다

A 잡니까?
B 네, 잡니다.

①

운동하다

②

먹다

③

전화하다

④

쉬다

⑤

비싸다

⑥

맛있다

- 공부하다 學習、讀書
- 재미있다 有意思
- 자다 睡覺、睡

02 이/가

30

누가 전화를 합니까? 무엇이 많습니까?
下圖中在打電話的人是誰? 圖中的東西是什麼?

요코가 전화합니다. **책이 많습니다.**

문법

N + 이/가

"이/가"爲助詞, 表示句子主語。如:

子音 + 이 예 학생이, 마이클이
母音 + 가 예 친구가, 아이가

연습

다음 그림을 보고 문장을 만들어 보세요.
看圖模仿例句造句。

보기

영화/재미없다

영화가 재미없습니다.

①

요코/자다

②

미셸/가다

③

아이/오다

④

빵/맛있다

⑤

모자/싸다

⑥

바지/작다

- 전화하다 打電話
- 책 書
- 많다 多
- 영화 電影
- 재미없다 沒有意思

03 을/를

31

요코가 무엇을 듣습니까? 마이클이 무엇을 공부합니까?
陽子在聽什麼？下圖中麥克在學習什麼？

요코가 음악을 듣습니다.　　　　마이클이 한국어를 공부합니다.

문법

N + 을/를

“을/를”爲助詞，表示句子的受詞。如:

子音 + 을　예 책을
母音 + 를　예 우유를

연습

다음 그림을 보고 묻고 대답해 보세요.
看圖完成對話。

보기 미셸

김밥/먹다

A 미셸이 무엇을 합니까?
B 김밥을 먹습니다.

① 마이클

영화/보다

② 나타샤

신문/읽다

③ 요코

옷/입다

④ 진차오

커피/마시다

⑤ 티엔

친구/기다리다

⑥ 리처드

컴퓨터/배우다

음악 音樂
듣다 聽
김밥 紫菜包飯

어휘

학교생활 學校生活

32

공부하다

질문하다

대답하다

책을 읽다

수업을 시작하다

수업이 끝나다

한국어를 배우다

한국어를 가르치다

숙제하다

쉬다

이야기하다

친구를 만나다

Part 1

말해 봅시다

한국 생활에 대해 말하기 說說在韓國的生活

여러분은 한국에 처음 온 친구를 만났습니다. 그 친구에게 한국 생활과 한국어 공부가 어떤지 물어보세요. 你的朋友第一次來韓國，問問他在韓國的生活和學習的情況。

Try it!

말풍선을 따라 대화를 구성해 보세요.
根據方框裏的提示完成對話。

왕카이 問在韓國的生活和韓語學習的情。	마이클 回答韓國的生活。

1. 한국 생활에 대해 묻기

- 한국 생활 | 어떻다?
- 재미있다

2. 요즘 하는 일 묻기

- 요즘 무엇 | 하다?
- 한국어 | 배우다

3. 한국어 공부에 대해 묻기

- 한국어 공부 | 재미있다?
- 네. 그렇지만 조금 어렵다

대화

왕카이 마이클 씨, 한국 생활이 어떻습니까?
마이클 재미있습니다.
왕카이 요즘 무엇을 합니까?
마이클 한국어를 배웁니다.
왕카이 한국어 공부가 재미있습니까?
마이클 네, 재미있습니다. 그렇지만 조금 어렵습니다.

33

발음 連音化 ①

前一音節的收音後面緊跟以母音開頭的音節時，前一音節的收音則作爲後一音節的第一個子音發音。

한국어[한구거] 무엇을[무어슬]

표현

- 한국 생활에 대해 묻기 詢問在韓國的生活狀況

A： 한국 생활이 어떻습니까?
B： 재미있습니다.
재미없습니다.
좋습니다.
즐겁습니다.

확장

반 친구와 한국 생활, 한국어 공부에 대해 서로 묻고 대답해 보세요.
同學之間互相提問並回答在韓國的生活和韓語學習的情況。

생활 生活 · 어떻다 怎麼樣 · 요즘 最近、近來 · 공부 學習、讀書 · 그렇지만 但是 · 조금 有一點 · 어렵다 難

Part 2

준비합시다

01 날짜

34

한국어로 날짜를 어떻게 말할까요?
如何用韓國語表達日期？

A 오늘이 며칠입니까?

B 일월 팔일입니다.

A 생일이 언제입니까?

B 시월 이십일입니다.

월 月

1월	2월	3월	4월	5월	6월	7월	8월	9월	10월	11월	12월
일월	이월	삼월	사월	오월	유월	칠월	팔월	구월	시월	십일월	십이월

일 日

1일	5일	10일	15일	20일	25일	30일	31일
일일	오일	십일	십오일	이십일	이십오일	삼십일	삼십일일

문법

날짜(日期)

讀寫日期時用"일、이、삼、사……"。讀寫月份時，數字後面加"월"，讀成"일월、이월、삼월"。讀寫日(號)時，數字後面加"일"，讀成"일일、이일、십일"。

연습

수첩과 달력을 보고 날짜를 묻고 대답해 보세요.
看下列的記事本和日曆，對日期進行問答。

보기

수잔 씨 생일

5월 15일

A 수잔 씨 생일이 언제입니까?

B 오월 십오일입니다.

① 설날

1월 1일

② 시험

4월 19일

③ 친구 결혼식

6월 30일

④ 문화 수업

10월 7일

⑤ 크리스마스

12월 25일

⑥ 졸업식

2월 24일

- 오늘 今天
- 며칠 幾天、幾號
- 언제 什麼時候
- 생일 生日
- 설날 春節
- 시험 考試
- 결혼식 婚禮、結婚典禮
- 문화 수업 文化課
- 크리스마스 聖誕節
- 졸업식 畢業典禮

02 에(方向)

35

여러분은 어디에 자주 갑니까? 오고 가는 목적지를 말할 때 어떻게 말할까요?
你們經常去什麼地方？如何表達往返的目的地。

A 요코 씨가 어디에 갑니까?

B 학교에 갑니다.

문법

N + 에

"에"爲處格助詞，位於"가다, 오다, 다니다"等動詞的前面，表示行爲的方向或目的地。

학교 + 에 → 학교에　　집 + 에 → 집에

연습

다음 그림을 보고 사람들이 어디에 가는지 묻고 대답해 보세요.
看下圖就圖中人物的目的地進行對話。

보기

기숙사

A 어디에 갑니까?

B 기숙사에 갑니다.

①

교실

②

식당

③

도서관

④

화장실

⑤

서점

⑥

집

어디 哪裏
학교 學校
기숙사 宿舍

Part 2

말해 봅시다

수업 일정에 대해 말하기 課程的安排

같은 반 친구가 여러분에게 이번 학기의 수업 일정에 대해 묻습니다. 친구에게 수업 일정에 대해 이야기해 주세요. 你的同學問你這個學期的課程安排，回答他/她的問題。

Try it!

말풍선을 따라 대화를 구성해 보세요.
根據方框裏的提示完成對話。

왕카이 詢問課程的安排。	이치로 回答課程的安排。

1. 시험 날짜 묻기

한국어 시험 | 언제?

10월 13일

2. 시험 요일 묻기

무슨 요일?

월요일

3. 문화 수업 날짜 묻기

문화 수업 | 며칠?

11월 7일

4. 문화 수업 장소 묻기

어디 | 가다?

경복궁 | 가다

대화

왕카이 이치로 씨, 한국어 시험이 언제입니까?
이치로 10월 13일입니다.
왕카이 무슨 요일입니까?
이치로 월요일입니다.
왕카이 문화 수업이 며칠입니까?
이치로 11월 7일입니다.
왕카이 어디에 갑니까?
이치로 경복궁에 갑니다.

36

표현

■ 날짜 묻기 日期的問法

A : 문화 수업이 며칠입니까?
B : 5월 4일입니다.

■ 요일 묻기 星期的問法

A : 무슨 요일입니까?
B : 월요일입니다.

■ 요일 星期

일요일 Sunday	월요일 Monday	화요일 Tuesday	수요일 Wednesday	목요일 Thursday	금요일 Friday	토요일 Saturday
		1	2	3	4	5
6	7					

확장

반 친구와 시험, 문화 수업, 다음 학기 시작 등의 날짜를 서로 묻고 대답해 보세요.
跟同學們一起就考試日期、文化課日期和下個學期開學的日期等內容進行對話。

· 한국어 시험 **韓國語考試** · 무슨 요일 **星期幾** · 경복궁 **景福宮**

Part 3

들어 봅시다

학교생활에 대한 대화 듣기 有關學校生活的對話

01 두 사람이 학교에서 우연히 만났습니다. 두 사람은 어디에 가는 것 같습니까?
兩個人在學校偶然碰到, 你猜他們會去什麼地方？

02 학교에서 만난 친구와의 대화입니다. 잘 듣고 물음에 답하세요. 37
這是一段兩個人在學校的對話, 聽完後回答問題。

(1) 김정우 씨는 요즘 무엇을 합니까?

① 책을 읽습니다.

② 컴퓨터를 배웁니다.

③ 한국어를 공부합니다.

(2) 이치로 씨는 지금 어디에 갑니까?

① 교실

② 식당

③ 도서관

(3) 시험이 언제입니까?

____

읽고 써 봅시다

동아리 안내문 읽고 쓰기 讀寫社團活動的公告

01 다음은 어떤 동아리에 대한 안내입니까? 다음 안내 포스터를 보고 이야기해 보세요.
看完下面海報後，說說這是什麼社團活動的公告。

02 영화 동아리 모임을 안내하는 글입니다. 다음을 읽고 물음에 답하세요. 38
閱讀下面的電影社團活動的公告并回答問題。

영화 동아리 모임

영화 동아리 모임이 있습니다.
한국 영화 '**친구**'를 봅니다.

- 날짜: 6월 9일 (월)
- 시간: 한국어 수업 후 오후 2시
- 장소: 도서관 3층 휴게실

(1) 맞는 것에 ✓표 하세요.

① 미국 영화를 봅니다. 네 ____ 아니요 ____

② 한국어 수업이 6월 9일에 있습니다. 네 ____ 아니요 ____

(2) 모임 장소는 어디입니까?

① 교실 ② 영화관 ③ 휴게실

03 여러분은 어떤 동아리 활동을 하고 싶습니까? 하고 싶은 동아리의 모임을 알리는 안내문을 써 보세요. 你們想參加什麼社團的活動?請寫一篇想參加的社團的活動的公告。

- 사진 照片
- 동아리 社團
- 태권도 跆拳道
- 모임 聚會
- 시간 時間
- 수업 후 下課以後
- 오후 下午
- 2시 兩點
- 장소 地點
- 3층 三樓
- 휴게실 休息室
- 영화관 電影院、劇場

문화 알아보기

韓國的教育制度 한국의 교육 제도

한국의 학제는 초등학교 6년, 중학교 3년, 고등학교 3년, 대학교 4년입니다. 그런데 요즘에는 보통 초등학교에 입학하기 전에 유치원을 1~2년 다니기도 합니다. 초등학교를 만 7~12세, 중학교를 만 13~15세, 고등학교를 만 16~18세에 다닌 후 대학교에 진학하기도 하고 취업을 하기도 합니다. 그리고 대학교 졸업 후 학업을 지속하고 싶은 사람은 대학원에 진학합니다. 모든 학교는 3월과 9월에 시작하는 2학기제이고, 여름방학과 겨울방학이 있습니다.

韓國的學制是小學6年(滿7-12歲)、初中3年(滿13-15歲)、高中3年(滿16-18歲)、大學4年。可是, 近年來在入小學之前, 一般要先上1-2年的幼稚園。高中畢業以後, 有的人上大學, 有的人直接就業。大學畢業後, 想繼續學習的人可以報考研究所。所有的學校一年有兩個學期, 分別在3月和9月開學, 同時每年都有寒假和暑假。

01 한국에서 초등학교를 졸업한 후 어떤 순서로 진학합니까?
在韓國小學畢業以後, 依次上什麼樣的學校?

02 여러분 나라의 교육 제도를 한국과 비교해서 이야기해 보세요.
請把各位國家的教育制度和韓國的教育制度互相比較一下。

문학
맛보기

詩 일요일 행진곡

01 다음 사진 중에서 일요일과 관계있는 것은 무엇일까요? 친구들과 이야기해 보세요.
觀察下面的照片然後和同學討論討論哪一張和星期日有關。

02 다음은 「일요일 행진곡」입니다. 시를 낭송하면서 감상해 보세요. 39
下面是詩人金起林的詩《일요일행진곡(星期天進行曲)》, 請邊朗讀邊欣賞。

일요일 행진곡

김기림(1908~?)

월(月)
　화(火)
　　수(水)
　　　목(木)
　　　　금(金)
　　　　　토(土)

(중략)

우리들의
유쾌한
하늘과 하루

일요일
　일요일

「태양의 풍속」, 학예사, 1939

03 여러분이 좋아하는 요일은 언제이며 그 이유는 무엇인지 친구들과 이야기해 보세요.
大家喜歡星期幾, 爲什麼? 跟同學們說一說。

행진곡 進行曲　중략 省略中間的部分　우리들의 我們的　유쾌한 愉快　하늘 天空　하루 一天

제4과

집

家

제 4 과 집 家

Part 1

- 준비합시다 — 1 이, 그, 저 　 2 에(位置) 　 3 하고, 과/와
- 말해 봅시다 — 기숙사 시설 위치 알려 주기
  說明宿舍設備的位置

Part 2

- 준비합시다 — 1 -(으)세요 　 2 (으)로(方向)
- 말해 봅시다 — 장소 위치 설명하기
  說明場所的位置

Part 3

- 들어 봅시다 — 물건 위치를 묻는 대화 듣기
  有關表示東西的位置的對話
- 읽고 써 봅시다 — 집 소개의 글 읽고 쓰기
  讀寫介紹住處的文章

CULTURE & LITERATURE

- 문화 알아보기 — 온돌 暖炕
- 문학 맛보기 — 시 詩「섬」

Part 1

준비합시다

01 이, 그, 저

물건을 가리킬 때 말하는 사람과 듣는 사람의 거리에 따라 물건을 지시하는 말을 다르게 사용합니다. 어떻게 말할까요?
根據說話人和聽話人之間的距離的不同, 指示代名詞的使用有所不同, 我們該怎麼使用它們呢?

그 책이 일본어 책입니다.

이 책이 한국어 책입니다.

저 책이 중국어 책입니다.

문법

이, 그, 저 + N

"이, 그, 저"爲指示代名詞, 位於名詞的前面, 指事物、地點、時間等。"이"指離說話人較近的事物; "그"指離說話人較遠; 離聽話人較近的事物; "저"指離說話人和聽話人都較遠的事物。如:

이 사람, 그 사람, 저 사람

연습

다음 그림을 보고 요코에게 가까이 있는 것부터 '이', '그', '저'를 사용해서 묻고 대답해 보세요. 看下面的圖片, 先從離陽子近的事物開始, 用"이"、"그"、"저"進行對話。

보기 책상, 탁자, 침대

① 의자, 소파, 가방

② 책장, 전화, 책

③ 컴퓨터, 신문, 옷걸이

A 이것이 무엇입니까?	A 그것이 무엇입니까?	A 저것이 무엇입니까?
B 책상입니다.	B 탁자입니다.	B 침대입니다.

- 일본어 책 日文書
- 중국어 책 中文書
- 이것 這個
- 그것 那個
- 저것 那個
- 탁자 桌子
- 침대 床
- 소파 沙發
- 책장 書架
- 옷걸이 衣架

02 에(位置)

물건이 있는 장소나 위치를 말할 때 어떻게 말할까요?
表示事物的地點或位置時, 該怎麼說呢?

A 신문이 어디에 있습니까?

B 책상 위에 있습니다.

문법

N + 에

"에"爲助詞, 用在名詞後面, 表示地點或位置。如:

방 + 에 → 방에　　의자 위 + 에 → 의자 위에

연습

다음 그림을 보고 물건들이 어디에 있는지 묻고 대답해 보세요.
看下面的圖片, 對事物的位置進行對話。

보기 우산

① 시계　② 공책
③ 사전　④ 전자사전
⑤ 필통　⑥ 연필

A 우산이 어디에 있습니까?

B 소파 옆에 있습니다.

있다 在
위 上
우산 雨傘
시계 鐘錶
전자사전 電子詞典、電子字典
필통 鉛筆盒
옆 旁

Part 1

03 하고, 과/와

집에 여러 물건과 가구들이 있습니다. 두 개 이상의 사물들을 열거할 때 어떻게 말할까요? 我們的家裏有很多東西和家俱, 當列擧兩個以上時, 該怎麼說呢?

A 방에 무엇이 있습니까?

B 책상과 의자가 있습니다.

A 책상 위에 무엇이 있습니까?

B 시계하고 전화가 있습니다.

문법

N + 하고, 과/와

"하고"、"과/와"爲助詞, 用於列擧兩個以上的事物。如:

子音, 母音 + 하고 예 책하고, 의자하고

子音 + 과 예 책과, 연필과, 가방과

母音 + 와 예 의자와, 사과와, 우유와

연습

다음 그림을 보고 거실과 방에 어떤 물건들이 있는지 말해 보세요.
看下面的圖片, 說一說客廳和房間裏有什麼東西。

A 거실에 무엇이 있습니까?

B 탁자와 소파가 있습니다.

A 방에 무엇이 있습니까?

B 침대와 화장대가 있습니다.

- 방 房間
- 거실 客廳
- 화장대 化裝台

어휘

위치 位置 ⓸⓷

안

위

밑(아래)

옆

앞/뒤

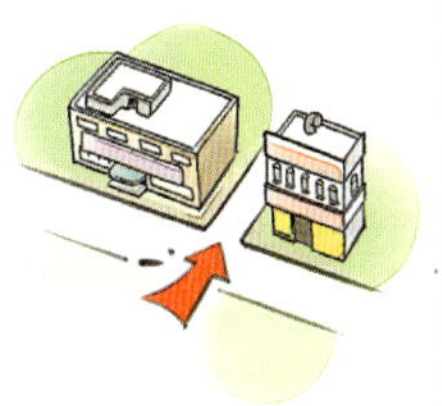

A와/과 B 사이

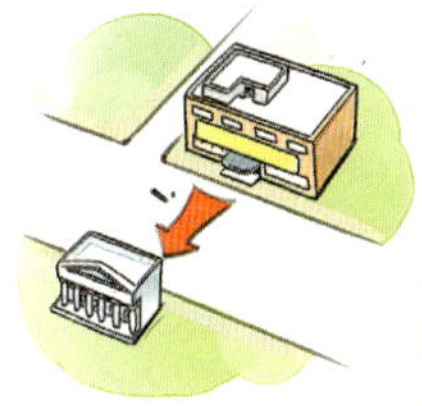

건너편/맞은편

바로 옆

Part 1

말해 봅시다

기숙사 시설 위치 알려 주기 說明宿舍設備的位置

여러분은 기숙사에 새로 이사 온 친구를 만났습니다. 그 친구에게 기숙사 시설들의 위치를 알려 주세요. 你們見到了剛搬到宿舍的朋友, 告訴他/她宿舍的各種設備的位置。

Try it!

말풍선을 따라 대화를 구성해 보세요.
根據方框裏的提示完成對話。

수진 說明宿舍設備的位置。	미셸 問宿舍設備的位置。

1. 방 위치 묻기

- 안녕하세요
- 이 방 | 수진 씨 방?

2. 세탁실 위치 묻기

- 아니요, 마사코 씨 방
- 세탁실 | 어디 | 있다?

3. 휴게실 위치 묻기

- 지하 1층 | 있다
매점 옆 | 있다
- 휴게실 | 어디 | 있다?

4. 휴게실 위치 알려 주기

- 2층 | 있다
2층 | 휴게실+컴퓨터실 | 있다
- 앞으로 잘 부탁하다

대화

수진 미셸 씨, 안녕하세요?
미셸 안녕하세요? 이 방이 수진 씨 방입니까?
수진 아니요, 마사코 씨 방입니다.
미셸 수진 씨, 세탁실이 어디에 있습니까?
수진 지하 1층에 있습니다. 매점 옆에 있습니다.
미셸 휴게실이 어디에 있습니까?
수진 2층에 있습니다. 2층에 휴게실하고 컴퓨터실이 있습니다.
미셸 고맙습니다. 앞으로 잘 부탁합니다.

44

발음 緊音化 ①

跟在發[ㄱ]、[ㄷ]、[ㅂ]音的收音後面的“ㄱ”、“ㄷ”、“ㅂ”、“ㅅ”、“ㅈ”的發音變成緊音[ㄲ]、[ㄸ]、[ㅃ]、[ㅆ]、[ㅉ]。如:

있습니다[읻씀니다] 세탁실[세탁씰]

표현

■ 시설 위치 묻기 問設備的位置

A: 세탁실이 어디에 있습니까?
B: 지하에 있습니다.

■ 부탁하기 請人關照(拜託別人)

잘 부탁합니다.
잘 부탁드립니다.
앞으로 잘 부탁합니다.

확장

반 친구와 학교 시설의 위치에 대해 말해 보세요.
跟同學們說一說學校的各種設備的位置。

· 세탁실 洗衣室 · 지하 地下 · 매점 販賣部 · 컴퓨터실 电腦室 · 고맙다 謝謝 · 앞으로 以後、今後
· 잘 부탁하다 請多多關照(拜託您了)

Part 2

준비합시다

01 –(으)세요

교실에서 선생님이 학생들에게 지시할 때 어떻게 말할까요?
課堂上老師要指示學生做事情時, 該怎麼說呢?

왕카이 씨, 이름을 쓰세요.

요코 씨, 크게 말하세요.

문법

V + (으)세요

"–(으)세요"位於動詞後面, 表示命令或請求。如:

子音 + 으세요 예 읽으세요, 앉으세요

母音, ㄹ + 세요 예 가세요, 사세요

연습

선생님이 학생에게 다음과 같이 지시합니다. 그림을 보고 말해 보세요.
請看圖完成老師讓學生所做事情的對話。

보기

책을 펴다

A 여러분, 책을 펴세요.

B 네, 알겠습니다.

①

책 15쪽을 읽다

②

책을 덮다

③

일어서다

④

대답하다

⑤

앉다

⑥

조용히 하다

- 쓰다 寫
- 크게 말하다 大聲說
- 여러분 大家
- 펴다 翻開
- 알겠다 明白了
- 쪽 頁
- 덮다 蓋, 被
- 일어서다 站起來
- 앉다 坐
- 조용히 하다 安靜

02 (으)로(方向)

길을 모르는 상대방에게 목적지의 방향을 알려 줄 때는 어떻게 말할까요?
怎樣給不知目的地方向的問路人指路？

A 실례합니다. 은행이 어디에 있습니까?

B 오른쪽으로 가세요. 우체국 옆에 있습니다.

문법

N + (으)로

"(으)로"爲助詞，位於表示處所或方位的名詞後面，表示某個地點或方位的方向。如：

子音 + 으로　예 빵집으로, 옆으로

母音, ㄹ + 로　예 학교로, 길로

연습

다음 지도의 장소를 보고 상대방에게 목적지의 방향을 알려 주세요.
看下面的地圖，向對方說明他要去的地方的方位。

보기 영화관

① 우체국　② 빵집
③ 백화점　④ 병원
⑤ 약국　⑥ 편의점

A 실례합니다. 영화관이 어디에 있습니까?

B 왼쪽으로 가세요. 학교 옆에 있습니다.

- 실례하다 請問、不好意思
- 은행 銀行
- 오른쪽 右邊
- 우체국 郵局
- 왼쪽 左邊
- 빵집 麵包店
- 백화점 百貨公司
- 병원 醫院
- 약국 藥局
- 편의점 便利商店

Part 2

말해 봅시다

장소 위치 설명하기 說明場所的位置

길에서 모르는 사람이 여러분에게 서점의 위치를 묻습니다. 그 사람에게 서점의 위치를 설명해 주세요. 在路上有個陌生人問你們書店在哪裏, 向那個人說明書店的位置。

Try it!

말풍선을 따라 대화를 구성해 보세요.
根據方框裏的提示完成對話。

마이클
詢問書店的位置。

김정우
說明書店的位置。

1. 서점 위치 묻기

실례합니다
이 근처 | 서점 | 있다?

네
지하철역 근처 | 있다

2. 서점 위치 설명하기

여기 | 어떻게 가다?

똑바로 가다
그리고 오른쪽 | 가다
우체국 맞은편 | 서점 | 있다

3. 거리 묻기

여기 | 가깝다?

가깝다

4. 인사하기

정말 고맙다

대화

마이클 저, 실례합니다. 이 근처에 서점이 있습니까?
김정우 네. 지하철역 근처에 있습니다.
마이클 여기에서 어떻게 갑니까?
김정우 똑바로 가세요. 그리고 오른쪽으로 가세요.
우체국 맞은편에 서점이 있습니다.
마이클 여기에서 가깝습니까?
김정우 네, 가깝습니다.
마이클 정말 고맙습니다.

표현

■ 장소 위치 묻기 問場所的位置

근처에 서점이 있습니까?
서점이 어디에 있습니까?
서점에 어떻게 갑니까?

■ 방향 지시하기 詢問場所的位置

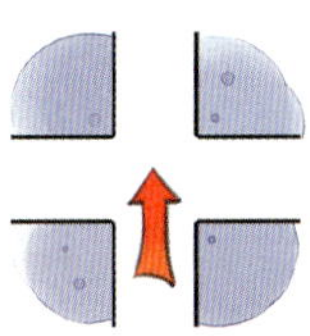

똑바로 가세요.
곧장/쭉 가세요.

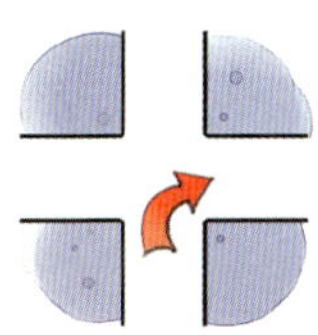

오른쪽으로 가세요.

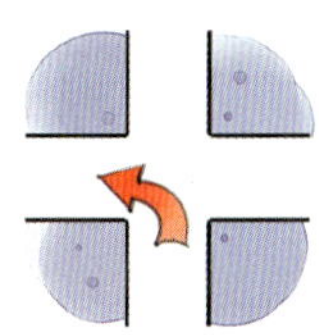

왼쪽으로 가세요.

확장

반 친구와 학교 근처에 있는 여러 장소의 위치에 대해 말해 보세요.
跟同學們說一說學校附近各種場所的位置。

· 근처 附近 · 지하철역 捷運站 · 여기 這裏 · 어떻게 怎麼 · 똑바로 直 · 그리고 還有、而且 · 가깝다 近 · 정말 眞的

Part 3

들어 봅시다

물건 위치를 묻는 대화 듣기 有關表示東西位置的對話

01 다음은 사무실 모습입니다. 사무실에 무엇이 있습니까? 말해 보세요.
請跟同學們說一說下面這間辦公室裏有什麼東西？

02 마이클이 박영민에게 전화해서 물건 위치를 묻는 대화입니다. 잘 듣고 물음에 답하세요. 下面是麥克給朴英珢打電話詢問東西位置的對話。聽完後回答問題。 48

(1) 물건들이 어디에 있습니까? 아래 그림에 번호를 쓰세요.

① 지갑　　② 열쇠

(2) 맞는 것에 ✔표 하세요.

① 마이클 씨가 집에 있습니다.　　네 ______ 아니요 ______

② 마이클 씨와 박영민 씨는 회사 동료입니다.　　네 ______ 아니요 ______

- 물건 東西
- 지갑 錢包
- 열쇠 鑰匙
- 회사 公司
- 동료 同事

읽고 써 봅시다

집 소개의 글 읽고 쓰기 讀寫介紹住處的文章

01 다음은 이층집 모습입니다. 집 안 곳곳을 뭐라고 부르는지 말해 보세요.
這是一幢兩層的樓房。請說一說下面圖片上的各個地方應該叫什麼。

거실 · 침실 · 욕실 · 부엌 · 서재

02 집을 소개하는 글입니다. 다음을 읽고 물음에 답하세요. 49
閱讀下面這篇介紹自己住處的文章並回答問題。

우리 집

우리 집은 이층집입니다. 1층에 거실과 부엌과 서재가 있습니다. 거실에 피아노가 있습니다. 서재에 책상과 컴퓨터가 있습니다. 2층에 부모님 침실과 욕실이 있습니다. 그리고 제 방과 동생 방이 있습니다. 집 앞에 정원이 있습니다. 정원에 나무와 꽃이 있습니다. 우리 집은 멋있습니다. 우리 집에 한번 놀러 오세요.

(1) 서재에 무엇이 있습니까? ______________________

(2) 집 앞에 무엇이 있습니까? ______________________

(3) 맞는 것에 ✔표 하세요.

① 욕실은 2층에 있습니다. 네 ____ 아니요 ____

② 피아노는 침실에 있습니다. 네 ____ 아니요 ____

③ 거실하고 부엌이 1층에 있습니다. 네 ____ 아니요 ____

침실 臥室
욕실 浴室
부엌 廚房
서재 書房
이층집 兩層樓房
우리 我的、我們
피아노 鋼琴
부모님 父母
동생 弟弟、妹妹
정원 院子
나무 樹
꽃 花
멋있다 漂亮、美、帥氣
한번 一下
놀러 오다 來玩

03 여러분의 집에 무엇이 있습니까? 여러분의 집을 소개하는 글을 써 보세요.
你們家裏有什麼？請寫一篇介紹你家的文章。

문화 알아보기

暖炕 온돌

한국 집의 난방 장치는 온돌입니다. 온돌은 부엌 아궁이에서 불을 때면 화기가 방 밑을 통하여 방을 덥게 합니다. 온돌은 열 효율성이 높아서 온기가 오래갑니다. 온돌 덕분에 추운 겨울에도 집에서 따뜻하게 지낼 수 있습니다. 온돌은 한국의 전통 집에서뿐만 아니라 오늘날 아파트에서도 현대화되어 사용됩니다. 그래서 한국 사람들은 방이나 거실에 앉아서 생활합니다.

"온돌(暖炕, 溫突)"是韓國傳統的供暖方式，利用廚房的灶坑燒柴產生的熱氣進行供暖，熱氣通過房屋下面的管道可以烘暖整個房間。"온돌(暖炕)"熱效率高，熱力持久。有了"온돌(暖炕)"就可以在家裏度過一個溫暖的冬天。如今在韓國不僅是傳統房屋，就連現代式公寓也利用現代化的"온돌(暖炕)"取暖。正因如此，韓國人有坐在客廳或臥室地板上生活的習慣。

01 왜 한국 사람들은 방이나 거실에 앉아서 생활해 왔을까요?
韓國人爲什麼有坐在房間或客廳的地板上生活的習慣?

02 여러분 나라 집의 난방 장치는 무엇입니까?
各位國家有哪些供暖設備?

詩 섬

01 사람과 사람 사이에 있는 사물은 무엇이며 그 의미는 무엇일까요?
下面圖片中的兩個人之間有什麼東西？這首詩有什麼含義？

02 다음은 「섬」입니다. 시를 낭송하면서 감상해 보세요. 50
下面是詩人鄭玄宗的詩《섬(島嶼)》，請邊朗讀邊欣賞。

섬

정현종(1939~)

사람들 사이에 섬이 있다
그 섬에 가고 싶다

「나는 별 아저씨」, 문학과 지성사, 1978

03 사람과 사람 사이에 무엇이 있다고 생각합니까? 여러분의 생각을 표현해 보세요.
你認爲人與人之間存在著什麼？說一說自己的想法。

사람들 사이에 ________________

________________ 고 싶다.

섬 島嶼　사람들 人們　가고 싶다 想去

제5과

하루 일과

我的一天

제 5 과 하루 일과 我的一天

Part 1

준비합시다 — 1 수 ② 2 시간 3 에(時間)

말해 봅시다 — 스포츠센터 프로그램 정보 얻기
詢問運動中心的課程資訊

Part 2

준비합시다 — 1 부터~까지 2 -아/어요

말해 봅시다 — 하루 일과 말하기
說說一天的生活

Part 3

들어 봅시다 — 하숙집 생활에 대한 대화 듣기
有關宿舍生活的對話

읽고 써 봅시다 — 하루 일과에 대한 글 읽고 쓰기
讀寫一天生活的文章

CULTURE & LITERATURE

문화 알아보기 — 한국인과 수 韓國人與數字

문학 맛보기 — 시조 詩歌 「오륙도」

Part 1

준비합시다

01 수 ②

51

한국어로 물건의 수를 어떻게 셀까요?
怎麼用韓國語表示東西的數量。

하나

둘

셋

넷

수 固有基數詞 (하나 ~ 열)

1	하나	6	여섯
2	둘	7	일곱
3	셋	8	여덟
4	넷	9	아홉
5	다섯	10	열

문법

수

數東西或數人數時, 使用固有基數詞"하나, 둘, 셋, 넷……"。"하나, 둘, 셋, 넷……"與量詞"개"結合使用時, 要分別變化爲"한, 두, 세, 네……"。如:

하나 + 개 → 한 개　둘 + 개 → 두 개　셋 + 개 → 세 개　넷 + 개 → 네 개

연습

교실에 의자가 몇 개 있습니까? 교실에 있는 물건들을 세어 보세요.
教室裏有幾把椅子? 請數一數教室裏的東西。

보기

A 의자가 몇 개 있습니까?

B 네 개 있습니다.

① 
전자사전

② 
우산

③ 
벽시계

④ 
안경

⑤ 
책상

⑥ 
가방

- 몇 幾
- 개 個(의자 把)

02 시간

52

한국어로 시간은 어떻게 말할까요?
怎麼用韓國語表達時間？

A 지금 몇 시입니까?

B 아홉 시 십 분입니다.

시간 時間

한 시	두 시	세 시	네 시	다섯 시
여섯 시 십오 분	일곱 시 삼십 분 일곱 시 반	여덟 시 사십오 분 아홉 시 십오 분 전	열 시 오십오 분 열한 시 오 분 전	열두 시

문법

시간

表示鐘點用固有基數詞，比如：한 시, 두 시, 세 시, 네 시, 다섯 시……。表示分鐘用漢字基數詞，比如：일 분, 이 분, 삼 분……，“30분”還可以說成“반”。

연습

다음 시계를 보고 몇 시인지 말해 보세요.
讀出下列鐘錶所示的時間。

보기

① ② ③

A 몇 시입니까?

B 오전 여섯 시 삼십칠 분입니다.

④ ⑤

분 分
오전 上午

03 에(時間)

53

하루 일과를 시간과 함께 말할 때 어떻게 말할까요?
怎麼說明一天所做的事情的時間呢?

A 몇 시에 일어납니까?

B 6시에 일어납니다.

문법

N + 에

"에"爲助詞, 用在表示時間的詞後面, 表示動作發生的時間。但不能用於"언제, 지금, 오늘, 내일, 어제"等詞的後面。如:

일곱 시 + 에 → 일곱 시에　　아침 + 에 → 아침에

연습

다음 사람들은 몇 시에 무엇을 합니까? 보기와 같이 묻고 대답해 보세요.
根據例句對話說說下面的人們幾點鐘做什麼。

왕카이	7:20 AM	9:10 AM	3:00 PM	5:30 PM	8:00 PM
	일어나다 →	한국어를 배우다 →	숙제하다 →	중국어를 가르치다 →	운동하다
박영민	6:50 AM	8:30 AM	2:30 PM	7:00 PM	9:30 PM
	아침을 먹다 →	출근하다 →	회의하다 →	퇴근하다 →	쉬다
나타샤	7:20 AM	10:00 AM	2:00 PM	6:30 PM	10:30 PM
	아침 식사를 준비하다 →	커피를 마시다 →	친구를 만나다 →	텔레비전을 보다 →	잠을 자다

A 왕카이 씨는 몇 시에 일어납니까?

B 오전 일곱 시 이십 분에 일어납니다.

- 일어나다 **起床**
- 아침을 먹다 **吃早飯**
- 출근하다 **上班**
- 회의하다 **開會**
- 퇴근하다 **下班**
- 아침 식사 **早飯**
- 준비하다 **準備**
- 잠을 자다 **睡覺**

어휘

일상생활 日常生活

54

일어나다

세수하다

아침 식사를 준비하다

아침을 먹다

출근하다

학교에 가다

회의하다

커피를 마시다

운동하다

인터넷을 하다

텔레비전을 보다

잠을 자다

Part 1

말해 봅시다

스포츠센터 프로그램 정보 얻기 詢問運動中心的課程資訊

여러분은 스포츠센터에 등록하려고 합니다. 스포츠센터에 전화해서 필요한 정보를 물어 보세요. 你們打算報一家運動中心，給那個中心打個電話詢問必要的資訊。

Try it!

말풍선을 따라 대화를 구성해 보세요.
根據方框裏的提示完成對話。

이치로
詢問運動中心的課程表。

스포츠센터 직원
提供運動中心的課程資訊。

1. 전화하기

스포츠센터

말씀 좀 묻겠습니다

2. 프로그램 시작 날짜 묻기

다음 달 프로그램 | 언제 시작하다?

3일 월 | 시작하다

3. 수영 시간 묻기

수영 | 몇 시 | 하다?

매일 오전 7시 + 8시 | 하다

4. 요가 시간 묻기

요가 | 언제 하다?

월수금 오후 6시 30분 | 하다

대화

55

직원 이화 스포츠센터입니다.
이치로 말씀 좀 묻겠습니다. 다음 달 프로그램이 언제 시작합니까?
직원 3일 월요일에 시작합니다.
이치로 그렇습니까? 수영은 몇 시에 합니까?
직원 매일 오전 7시와 8시에 합니다.
이치로 요가는 언제 합니까?
직원 요가는 월, 수, 금요일 오후 6시 30분에 합니다.
이치로 네, 알겠습니다. 고맙습니다.

발음 雙收音

雙收音是由兩個子音組成的收音，發音時只發其中的一個具有代表的音，有時發前面的，有時發後面的。比如，"ㄼ"只發"ㄹ"，"ㄺ"只發"ㄱ"。如:

여덟[여덜] 닭[닥]

표현

■ 프로그램에 대해 묻기 詢問運動中心的課程表

다음 달 프로그램이 언제 시작합니까?
수영 시간은 언제입니까?
요가는 언제 합니까?

확장

여러분은 문화센터에 등록하려고 합니다. 문화센터에 전화해서 필요한 정보를 물어 보세요. 你們打算去一家文化中心運動。打電話給文化中心，詢問需要的訊息。

	월	화	수	목	금	토
16:00	요리 교실					사진 교실
17:00		노래 교실		노래 교실		
18:00					바이올린 교실	
19:00			밸리댄스 교실			

· 스포츠센터 運動中心 · 말씀 話語、話(敬語) · 묻다 問 · 다음 달 下個月 · 프로그램 課程、項目、計劃 · 매일 每天
· 요가 瑜伽

Part 2

준비합시다

01 부터 ~ 까지

56

시작하는 시간과 끝나는 시간을 어떻게 말할까요?
怎樣說明某事的開始與結束的時間?

A 한국어 수업이 몇 시부터 몇 시까지입니까?

B 9시부터 1시까지입니다.

문법

N + 부터 N + 까지

"부터~까지"爲助詞, 跟在表示時間或處所的名詞後, 表示某種動作或狀態的起點或終點。如:

월요일부터 금요일까지　　1시부터 2시까지

연습

친구들은 요즘 무엇을 합니까? 친구들의 일주일 일정에 대해서 말해 보세요.
你的朋友們最近在做什麼? 請就他們的一周時間安排進行對話。

<table>
<tr><th>일</th><th>월</th><th>화</th><th>수</th><th>목</th><th>금</th><th>토</th></tr>
<tr><td rowspan="2">보기
아르바이트를 하다
10:00
~14:00</td><td colspan="5">① 한국어를 공부하다 9:00~12:00</td><td rowspan="2">⑥ 한국 요리를 배우다
11:00
~13:00</td></tr>
<tr><td>② 영화를 보다
14:00
~16:00</td><td>③ 수영하다
18:00
~19:00</td><td>④ 태권도를 배우다
15:30
~17:00</td><td>③ 수영하다
18:00
~19:00</td><td>⑤ 중국어를 가르치다
16:30
~18:00</td></tr>
</table>

A 언제 아르바이트를 합니까?

B 일요일 오전 10시부터 오후 2시까지 아르바이트를 합니다.

아르바이트를 하다 打工
한국 요리 韓國菜

02 –아/어요

비격식적인 상황에서 공손하게 말하고 싶을 때 어떻게 말할까요?
如何在非正式場合表達恭敬的語氣。

A 마이클 씨, 어디에 가요?

B 은행에 가요.

문법

A/V + 아/어요

"–아/어요"爲表示尊敬的語氣是結束詞尾，用於非正式場合，可用於陳述句、疑問句、命令句、祈使句等句式。如：

· 어간 'ㅏ', 'ㅗ' + 아요 예 앉아요
· 그 외의 어간 + 어요 예 먹어요
· 하다 → 해요 예 식사해요
· 이다 → 子音 + 이에요 예 학생이에요
　　　　母音 + 예요 예 의사예요

연습

다음을 '–아/어요'를 사용해서 바꿔 보세요.
用"–아요/어요"替換下面的文章。

저는 중국 사람**입니다**. 은행에 **다닙니다**. 아침 9시에 **출근합니다**. 그리고 저녁 6시에 일이 **끝납니다**. 퇴근 후에 여자 친구를 **만납니다**. 여자 친구는 학생**입니다**. 여자 친구와 저녁을 **먹습니다**. 식사 후에 영화를 **봅니다**. 그리고 노래방에 **갑니다**.

▼

저는 중국 사람이에요. 은행에 ____________. 아침 9시에 ____________. 그리고 저녁 6시에 일이 ____________. 퇴근 후에 여자 친구를 ____________. 여자 친구는 학생____________. 여자 친구와 저녁을 ____________. 식사 후에 영화를 ____________. 그리고 노래방에 ____________.

다니다 (在~)上班
아침 早上
퇴근 후 下班以後
여자 친구 女朋友
노래방 卡拉OK、KTV

Part 2

말해 봅시다

하루 일과 말하기 話說一天的生活

여러분이 한국 친구를 만났습니다. 그 친구에게 여러분의 직업과 하루 일과를 말해 보세요. 你見到了你的韓國朋友, 向他/她說說你的職業和一天的生活。

Try it!

말풍선을 따라 대화를 구성해 보세요.
根據方框裏的提示完成對話。

김수진
韓國人, 詢問理查德一天的生活。

리처드
貿易公司職員,
晚上學習韓國語, 說說自己一天的生活。

1. 직업 묻기

무슨 일 | 하다

무역 회사 | 다니다
저녁 | 한국어 | 공부하다

2. 한국어 수업 시간 묻기

수업 | 몇 시~몇 시?

저녁 7시~9시

3. 한국어 수업 요일 묻기

매일 한국어 | 공부하다?

아니요
월요일~목요일 | 학교 | 가다

4. 퇴근 후 일과 묻기

금요일 | 퇴근 후 | 뭐 하다?

친구 | 만나다
술 | 마시다

대화

58

김수진 리처드 씨는 무슨 일을 해요?
리처드 저는 무역 회사에 다녀요. 그리고 저녁에 한국어를 공부해요.
김수진 수업이 몇 시부터 몇 시까지예요?
리처드 저녁 7시부터 9시까지예요.
김수진 매일 한국어를 공부해요?
리처드 아니요. 월요일부터 목요일까지 학교에 가요.
김수진 금요일은 퇴근 후에 뭐 해요?
리처드 친구들을 만나요. 그리고 술을 마셔요.

Tip 根據語調, "-아/어요"可以表達陳述的語氣或疑問的語氣。表達疑問時, 語調要略高一些。

표현

■ 시간 말하기 時間段表達

A: 언제 한국어를 공부해요?
B: 저녁 7시에 공부해요.

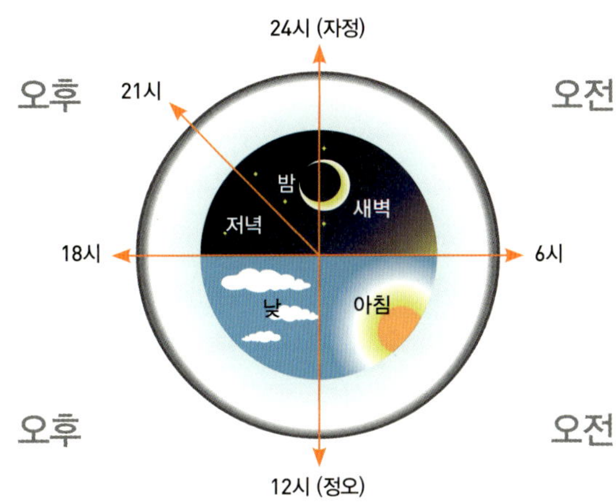

확장

반 친구와 하루 일과를 묻고 대답해 보세요.
跟同學們就你們一天的生活進行對話。

무역 회사 貿易公司 뭐 什麼 술 酒

Part 3

들어 봅시다

하숙집 생활에 대한 대화 듣기 有關宿舍生活的對話

01 기숙사, 하숙집에는 어떤 규칙이 있습니까? 어떤 규칙이 있는지 이야기해 보세요. 在你們的宿舍或所寄宿的家庭裏有什麼規定? 跟同學們說一說。

02 요코 씨가 하숙집 생활에 대해 묻는 대화입니다. 잘 듣고 물음에 답하세요. 59
下面是一段有關陽子在寄宿家庭裏生活的對話。聽完後回答問題。

(1) 토요일 아침 식사 시간은 몇 시까지입니까?

① 7시 ② 8시 ③ 9시

(2) 몇 시에 하숙집 문을 닫습니까?

(3) 다음 중 맞는 것을 고르세요.

① 저녁 식사 시간은 6시까지입니다.

② 일요일 아침 식사 시간은 8시까지입니다.

③ 평일 아침 식사 시간은 7시부터 8시까지입니다.

표현

■ 식사 시간 묻기 問開飯時間

몇 시에 아침을 먹어요?
아침 식사 시간은 몇 시예요?
식사 시간은 언제예요?

식사 시간 吃飯時間
하숙집 寄宿家庭
평일 平時、平常的日子
문을 닫다 關門

읽고 써 봅시다

하루 일과에 대한 글 읽고 쓰기 讀寫一天生活的文章

01 다음 사람의 직업은 무엇일까요? 이 사람의 하루 일과에 대해 추측해서 이야기해 보세요. 下面這個人的職業是什麼? 說一說他的一天的生活。

02 프랑크 씨의 하루 일과를 소개하는 글입니다. 다음을 읽고 물음에 답하세요. 60
這是介紹弗蘭克一天的生活的文章, 閱讀後回答問題。

하루 일과

저는 오전 9시에 일어납니다. 9시 10분에 샤워합니다. 9시 30분에 아침을 먹습니다. 보통 빵과 우유를 먹습니다. 아침 식사 후에 옷을 입습니다. 그리고 10시까지 출근합니다. 저는 요리사입니다. 프랑스 식당에서 일합니다. 우리 식당 점심시간은 11시부터 3시까지입니다. 점심시간에 손님들이 많습니다. 그래서 아주 바쁩니다. 저는 보통 3시 30분에 점심을 먹습니다. 그 후에 다시 일합니다. 10시에 식당을 청소합니다. 그리고 문을 닫습니다. 10시 30분에 집에 갑니다. 퇴근 후에 샤워합니다. 11시에 텔레비전을 봅니다. 11시 30분에 잡니다.

(1) 이 사람의 직업은 무엇입니까?

① 학생　② 요리사　③ 회사원

(2) 프랑크 씨는 몇 시에 점심을 먹습니까?

① 11시 30분　② 1시 30분　③ 3시 30분

샤워하다 洗澡、淋浴
우유 牛奶
프랑스 식당 法國餐廳
손님 客人
그래서 所以
아주 非常
바쁘다 忙
보통 一般
다시 再
청소하다 打掃

03 여러분의 하루 일과는 어떻습니까? 여러분의 하루 일과를 소개하는 글을 써 보세요.
你們每天是怎麼生活的? 寫一篇介紹你一天生活的文章。

문화 알아보기

韓國人與數字 한국인과 수

한국 사람들은 숫자 중에서 특히 3을 좋아합니다. 동양 사상에서 숫자 1은 양을 의미하고 2는 음을 의미합니다. 3은 1과 2를 더한 수로서 양과 음이 합하여 만든 완전한 수라고 생각합니다. 그래서 한국 사람들은 전통적으로 3을 완전한 수라고 생각하여 좋아했습니다. 한국 사람들은 게임에서 승패를 가를 때 또는 가위바위보를 할 때도 보통 세 번을 합니다.

그렇지만 한국 사람들은 숫자 4를 좋아하지 않습니다. 죽음을 뜻하는 한자어 사(死)와 똑같이 발음하기 때문입니다.

韓國人喜歡數字“3”。在東方的思想裏，數字“1”意味著“陽”，數字“2”意味著“陰”，“3”是“1”和“2”加起來的數字，即意味著“陽”和“陰”的結合。因此，韓國人認爲“3”是最完整的數，所以特別喜歡“3”。正因如此，韓國人在決定比賽勝負或猜拳時，一般都以三爲準。

韓國人不喜歡數字“4(사)”，原因是“4”的發音與漢字“死(사)”的發音一樣。

01 한국 사람들은 왜 숫자 3을 좋아합니까?
韓國人爲什麼喜歡數字“3”？

02 여러분 나라에서도 특별히 좋아하거나 싫어하는 숫자가 있습니까? 어떤 숫자입니까?
你們國家的人有沒有特別喜歡或不喜歡的數字？這個數字是什麼？

문학 맛보기

01 다음의 사진과 관계있는 숫자는 무엇일까요?
下列圖片跟哪些數字有關係？

칠면조의 색

삼각형

02 다음은 「오륙도」입니다. 시조를 낭송하면서 감상해 보세요.
下面是詩人李殷相的詩歌《오륙도(五六島)》，請邊朗讀邊欣賞。

61

오륙도(五六島)

이은상(1903~1982)

오륙도 다섯 섬이 다시 보면 여섯 섬이
흐리면 한두 섬이 맑으신 날 오륙도라
흐리락 맑으락 하매 몇 섬인 줄 몰라라
(후략)

『노산시조선집』, 남향문화사, 1958

Tip "時調"是韓國獨特的詩歌體裁，形成於高麗末期(13C)，歷經朝鮮王朝一直發展到現代。"平時調"有固定的形式，由3章(行)、6句、12音步組成，字數總共在45個左右。除了這一基本格式以外，還有兩種變體："中型時調(後短句時調)"和"辭說時調(長短句時調)"。這兩種變體在字數和句數方面有所變化，但也有一些限制，如：第三章(行)的第一個音步必須有三音節。這種詩的特點是取材範圍廣泛，有韻律，適合當作歌詞歌唱。

03 여러분 나라에도 숫자와 관계된 지명이 있습니까? 친구들과 이야기해 보세요.
跟同學們說一說。你們的國家也有跟數字有關的地名嗎？

오륙도 五六島　흐리다 陰　맑다 晴　모르다 不知道

제6과

주말

周末

제 6 과 주말 周末

Part 1

준비합시다 — 1 에서(場所) 2 안 3 으 탈락

말해 봅시다 — 주말 활동 이야기하기
說說周末活動

Part 2

준비합시다 — 1 –았/었– 2 도

말해 봅시다 — 여행 경험 말하기
談旅遊的經驗

Part 3

들어 봅시다 — 어제 한 일에 대한 대화 듣기
有關昨天所做的事情的對話

읽고 써 봅시다 — 여행 경험에 대한 글 읽고 쓰기
讀寫遊記

CULTURE & LITERATURE

문화 알아보기 — 한국인의 주말 활동 韓國人的周末活動

문학 맛보기 — 시 詩「고백」

Part 1

준비합시다

01 에서(場所)

62

여러분은 주로 어디에서 친구를 만납니까? 어디에서 만나는지 그 장소를 어떻게 말할까요? 你們平時在哪裏跟朋友見面? 如何說明要見面的場所?

A 보통 어디에서 친구를 만나요?

B 학교 앞에서 만나요.

문법

N + 에서

"에서"爲助詞, 表示行動進行的處所。如:

교실 + 에서 → 교실에서　　기숙사 + 에서 → 기숙사에서

연습

다음 장소에서 무엇을 하는지 말해 보세요.
請說一說他們在什麼地方做什麼。

	사람	장소	무엇을 해요?
보기	마이클	영화관	영화를 보다
①	잔느	백화점	쇼핑하다
②	요코	도서관	책을 빌리다
③	리처드	우체국	편지를 보내다
④	왕카이	놀이동산	놀이 기구를 타다
⑤	나타샤	은행	돈을 찾다
⑥	이치로	공원	운동하다

A 마이클 씨는 어디에서 무엇을 해요?

B 영화관에서 영화를 봐요.

- 쇼핑하다 購物
- 빌리다 借
- 놀이동산 遊樂園、兒童樂園
- 놀이 기구 遊樂器具
- 돈을 찾다 領錢、提錢
- 공원 公園

02 안

63

여러분은 주말에 어떤 일을 하고, 어떤 일을 안 합니까? 하지 않는 일을 이야기할 때 어떻게 말할까요? 你們在周末都做些什麼？不做什麼？如何表達不做的事？

A **마이클 씨, 토요일에 회사에 가요?**

B **아니요, 회사에 안 가요. 집에서 쉬어요.**

문법

안 + A/V

"안"爲副詞，否定動作或狀態。

"공부하다"、"운동하다"等"N+하다"結構動詞的否定型爲 "공부 안 하다"、"운동 안 하다"。再如:

안 + 만나다 → 안 만나다　　쇼핑 + 안 + 하다 → 쇼핑 안 하다

연습

다음 설문지를 보고 이 사람의 주말 활동에 대해서 말해 보세요.
看下面的問卷調查，說說這個人周末所做的活動。

설문지

이름 : 마이클　　나이 : 27

질문	네	아니요	질문	네	아니요
1. 주말에 영화를 봅니까?	☑	☐	6. 주말에 쇼핑합니까?	☑	☐
2. 주말에 친구를 만납니까?	☑	☐	7. 주말에 음악을 듣습니까?	☑	☐
3. 주말에 낮잠을 잡니까?	☐	☑	8. 주말에 책을 읽습니까?	☐	☑
4. 주말에 여행을 갑니까?	☐	☑	9. 주말에 외식을 합니까?	☑	☐
5. 주말에 운동합니까?	☐	☑	10. 주말에 청소합니까?	☐	☑

마이클 씨는 주말에 보통 영화를 봅니다. 그리고 친구를 만납니다. 그렇지만 낮잠을 안 잡니다.

____

____

- 설문지 **問卷調查**
- 나이 **年齡、年紀**
- 주말 **周末**
- 낮잠 **午覺**
- 여행을 가다 **(去)旅行**
- 외식을 하다 **上館子、在外面吃飯**

Part 1

03 으 탈락

64

일이 많고 바빠서 상대방에게 시간을 내줄 수 없을 때 어떻게 말할까요?
當你們事情很多, 工作很忙, 抽不出時間應酬別人時, 該說些什麼呢?

A 영민 씨, 지금 시간 있어요?

B 아니요, 지금 좀 바빠요.

문법

으 탈락

詞幹以"ㅡ"結尾的動詞或形容詞, 與詞尾"아/어"相接時, "ㅡ"脫落。如:

예쁘 + 어요 → 예뻐요　　나쁘 + 아요 → 나빠요

연습

다음의 단어를 사용해서 대화를 완성해 보세요.
用所給的詞語完成對話。

예쁘다 · 아프다 · 크다 · 바쁘다 · 끄다 · 쓰다

보기	A: 리처드 씨, 이 사진 좀 보세요. 우리 아이예요. B: 아이가 정말 예뻐요 .
①	A: 마이클 씨 남동생은 키가 커요? B: 네, 190cm예요. 키가 아주 ________.
②	A: 요코 씨, 어디에 가요? B: 네, 병원에 가요. 머리가 많이 ________.
③	A: 왕카이 씨, 저 좀 도와주세요. B: 정말 미안해요. 지금 제가 너무 ________.
④	A: 지금 뭐 해요? B: 이메일을 ________.
⑤	A: 수업 시간에 휴대 전화를 사용해요? B: 아니요, 휴대 전화를 ________.

- 시간(이) 있다 有空、有時間
- 예쁘다 漂亮
- 아프다 痛
- 끄다 關
- 키 身高
- 도와주다 幫助
- 미안하다 對不起
- 휴대 전화 手機、行動電話

어휘

주말 활동 周末活動

65

산책하다

등산하다

여행하다

쇼핑하다

외식하다

가족과 외출하다

노래방에 가다

집안일을 하다

낮잠을 자다

시간 관련 어휘 有關時間的詞彙

어제	오늘	내일
지난주	이번 주	다음 주
지난달	이번 달	다음 달
작년	올해	내년

Part 1

말해 봅시다

주말 활동 이야기하기 說說周末活動

여러분은 이웃집 주부를 만났습니다. 이웃집 주부와 주말에 무엇을 하는지에 대해 서로 이야기해 보세요. 你遇到了隔壁家的女主人，跟她說說你周末要做什麼。

Try it!

말풍선을 따라 대화를 구성해 보세요.
根據方框裏的提示完成對話。

나타샤
家庭主婦。

소라
既工作，又做家事。

1. 소라의 주말 활동 묻기

주말 | 뭐 하다?

토요일 | 집 | 쉬다
일요일 | 집안일 | 하다

2. 주말 활동 설명하기

그래요?
외출 | 안 하다?

직장 생활 | 피곤하다
주말 | 외출 안 하다
주말 | 뭐 하다?

3. 나타샤의 주말 활동 말하기

저 | 가족 | 외식하다
쇼핑하다

좋겠다

4. 평일 활동 말하기

저 | 평일 | 집안일 | 많다
바쁘다

대화

66

나타샤 소라 씨, 주말에 보통 뭐 해요?

소라 토요일에 집에서 쉬어요. 그리고 일요일에 집안일을 해요.

나타샤 그래요? 외출은 안 해요?

소라 직장 생활이 피곤해요. 그래서 주말에 보통 외출 안 해요.
나타샤 씨는 주말에 뭐 해요?

나타샤 저는 가족과 같이 외식해요. 그리고 쇼핑해요.

소라 나타샤 씨는 정말 좋겠어요.

나타샤 네, 그런데 저는 평일에 집안일이 많아요.
그래서 평일에 좀 바빠요.

Tip "뭐"是"무엇"的縮略形式, 這種縮略形式常用於口語。如:
무엇 → 뭐　조금 → 좀
무엇을 해요? → 뭘 해요? / 뭐 해요?　조금 바빠요. → 좀 바빠요.

발음 口蓋音化

收音"ㄷ"、"ㅌ"後面接著母音"ㅣ"時, "ㄷ"、"ㅌ"的發音變爲[ㅈ]、[ㅊ]。如:

같이[가치]　해돋이[해도지]

표현

- 주말 활동에 대해 묻기 詢問周末活動

주말에 보통 뭐 해요? / 주말에 어떻게 지내요? / 주말을 어떻게 보내요?

- 부러움 표현하기 表達羨慕的方法

정말 좋겠어요. / 정말 부러워요.

확장

주말에 보통 무엇을 하는지 반 친구와 이야기해 보세요.
跟同學們說一說你們周末一般做什麼。

집안일 **家事**　외출하다 **外出、出門**　직장 생활 **職場生活、上班**　피곤하다 **累**

Part 2

준비합시다

01 –았/었–

67

여러분은 지난 주말에 무엇을 했습니까? 과거의 일을 말할 때 어떻게 말할까요?
上個周末你們做什麼了? 描述過去的事情時, 該怎麼說呢?

A 요코 씨, 주말에 뭐 했어요?

B 토요일에 영화를 봤어요. 그리고 일요일에 공원에 갔어요.

문법

A/V + 았/었

"–았/었–"爲過去時制詞尾, 表示某種情況或事件已經發生。

- 어간 'ㅏ', 'ㅗ' + 았 예 앉았어요
- 그 밖의 어간 + 었 예 먹었어요
- 하다 → 했다 예 공부했어요
- 이다 → 子音 + 이었다 예 학생이었어요
  母音 + 였다 예 친구였어요

연습

다음은 사람들이 지난 휴가에 한 일입니다. 무엇을 했는지 말해 보세요.
上次休假他們做了些什麼? 根據例句, 說一說。

	이름	여행지	한 일	
보기	미셸	제주도	수영하다	말을 타다
①	나타샤	부산	바다를 보다	회를 먹다
②	유스케	경주	불국사를 구경하다	박물관에 가다
③	진차오	설악산	등산하다	사진을 찍다

A 미셸 씨, 지난 휴가에 뭐 했어요?

B 제주도에 갔어요. 제주도에서 수영했어요. 그리고 말을 탔어요.

- 휴가 休假
- 제주도 濟州道
- 수영하다 游泳
- 말 馬
- 타다 騎
- 부산 釜山
- 회 生魚片
- 경주 慶州
- 불국사 佛國寺
- 구경하다 參觀、遊覽
- 박물관 博物館
- 설악산 雪嶽山
- 사진을 찍다 照相

02 도

68

여러 가지 물건을 샀을 때 하나를 말하고 또 다른 하나를 보태서 이야기할 때 어떻게 말할까요? 大家買東西時, 買了一樣, 還想再買別的時該怎麼說呢?

A 티엔 씨, 뭘 샀어요?

B 구두를 샀어요. 그리고 가방도 샀어요.

문법

N + 도

"도"爲助詞, 表追加的意思。如:

커피 + 도 → 커피도　　김밥 + 도 → 김밥도

연습

그림을 보고 이야기해 보세요.
看圖後根據例句說一說。

보기

중국 음식/한국 음식
좋아하다

① 

공부/운동
잘하다

② 

갈비/냉면
먹다

③ 

볼펜/공책
싸다

④ 

어머니/딸
예쁘다

⑤ 

컴퓨터/텔레비전
있다

A 중국 음식을 좋아해요?

B 네, 중국 음식을 좋아해요. 그리고 한국 음식도 좋아해요.

- 사다 買
- 구두 皮鞋
- 좋아하다
- 잘하다 擅長、好
- 갈비 排骨
- 냉면 冷麵
- 볼펜 圓珠筆
- 어머니 母親
- 딸 女兒

Part 2

말해 봅시다

여행 경험 말하기 談旅遊的經驗

여러분은 여름 휴가가 끝나고 학교에 와서 친구를 만났습니다. 친구에게 휴가 동안에 무엇을 했는지 이야기해 보세요.
暑假結束後你們回到學校見到了朋友，跟他們說一說暑假你做了些什麼。

Try it!

말풍선을 따라 대화를 구성해 보세요.
根據方框裏的提示完成對話。

왕카이
問麥克暑假做了些什麼。

마이클
暑假去了濟州島。

1. 휴가에 대해 묻기

오랜만이에요
휴가 | 잘 보내다?

네, 잘 보내다

2. 휴가에 한 일 이야기하기

휴가 | 뭐 하다?

제주도 | 다녀오다

3. 여행 일정 이야기하기

얼마 동안 여행하다?

3박 4일

4. 여행지에서 한 일 이야기하기

거기 | 뭐 하다?

한라산 | 올라가다
바닷가 | 수영 | 하다
정말 재미있다

대화

69

왕카이 오랜만이에요. 휴가는 잘 보냈어요?
마이클 네, 잘 보냈어요.
왕카이 휴가에 뭐 했어요?
마이클 제주도에 다녀왔어요.
왕카이 그래요? 얼마 동안 여행했어요?
마이클 3박 4일 동안 여행했어요.
왕카이 거기에서 뭐 했어요?
마이클 한라산에 올라갔어요. 그리고 바닷가에서 수영도 했어요. 정말 재미있었어요.

Tip "박"爲量詞，用來計算幾個晚上，相當於"宿"，常出現在旅遊用語中。如：

1박 2일 [일박 이일]
2박 3일 [이박 삼일]
3박 4일 [삼박 사일]
4박 5일 [사박 오일]

표현

■ 지난 휴가에 대해 묻기 詢問度假的情況

휴가는 잘 보냈어요?
휴가는 어떻게 보냈어요?
휴가에 뭐 했어요?
어디를 여행했어요?
어디에 다녀왔어요?
어디에 갔다 왔어요?

확장

반 친구와 여행 경험에 대해 이야기해 보세요.
跟同學們說一說自己的旅遊經驗。

· 오랜만 **隔時好久** · 잘 **好** · 보내다 **過** · 다녀오다 **去就來(去某地後回來)** · 동안 **期間** · 3박 4일 **四天三夜** · 거기 **那裏**
· 한라산 **漢拏山** · 올라가다 **爬、登** · 바닷가 **海邊**

Part 3

들어 봅시다

어제 한 일에 대한 대화 듣기 有關昨天所做的事情的對話

01 두 사람은 지금 데이트를 하고 있습니다. 어떤 이야기를 하고 있는지 추측해 보세요. 下面兩個人正在約會, 請你猜一猜他們在說些什麼?

02 두 사람이 어제 한 일에 대해 이야기하는 대화입니다. 잘 듣고 맞는 것에 ✓표 하세요. 下面是一段關於兩個人昨天所做的事情的對話, 聽完後回答問題。 70

(1) 율리아 씨와 유스케 씨는 어제 1층 로비에서 약속이 있었습니다.

네 _____ 아니요 _____

(2) 금요일 10시에 텔레비전에서 스포츠 뉴스를 합니다.

네 _____ 아니요 _____

(3) 유스케 씨는 율리아 씨에게 거짓말을 했습니다.

네 _____ 아니요 _____

표현

■ 망설임 표현하기 表達遲疑的方法

에, 생각이 잘 안 나요.
저, 기억이 잘 안 나요.
글쎄요, 잘 모르겠어요.

- 로비 大廳
- 약속이 있다 有約
- 스포츠 뉴스 體育新聞
- 거짓말을 하다 說謊

읽고 써 봅시다

여행 경험에 대한 글 읽고 쓰기 讀寫遊記

01 이것은 무엇일까요? 무엇을 알리는 글인지 이야기해 보세요.
下面所示的是什麼？請說說上面寫的是什麼內容？

봄 학기 문화 수업

5월 24일 (금요일)에 문화 수업을 갑니다. 민속촌에 갑니다.
학교 1층 로비에 8시 50분까지 오세요.

02 여행 경험에 대한 글입니다. 다음을 읽고 물음에 답하세요. 71
下面是一篇遊記，請閱讀後回答問題。

민속촌에서

저는 지난 금요일에 문화 수업을 갔습니다. 선생님과 반 친구들과 같이 민속촌에 갔습니다. 11시쯤 민속촌에 도착했습니다. 민속촌에서 한국의 옛날 집을 봤습니다. 그리고 한국의 전통 결혼식도 봤습니다. 그다음에 민속촌 안에 있는 식당에서 점심을 먹었습니다. 저는 순두부찌개를, 요코 씨는 불고기를 먹었습니다. 맛있었습니다. 점심식사 후에 우리는 사진을 많이 찍었습니다. 그리고 기념품도 샀습니다. 4시쯤 서울에 돌아왔습니다. 조금 피곤했습니다. 그렇지만 재미있었습니다.

(1) 맞는 것에 ✔표 하세요.

① 문화 수업은 1박 2일이었습니다. 네 ______ 아니요 ______
② 점심 식사 전에 기념품을 샀습니다. 네 ______ 아니요 ______
③ 나는 순두부찌개와 불고기를 먹었습니다. 네 ______ 아니요 ______
④ 지난 금요일에 한국 전통 결혼식을 구경했습니다. 네 ______ 아니요 ______

- 봄 학기 春季學期
- 민속촌 民俗村
- 반 班
- 쯤 左右
- 도착하다 到達
- 옛날 過去、以前
- 전통 傳統
- 순두부찌개 嫩豆腐湯
- 불고기 烤肉
- 기념품 紀念品
- 돌아오다 回來

03 여러분은 기억에 남는 여행이 있습니까? 기억에 남는 여행에 대해 써 보세요.
在你們的記憶裏有沒有印象深刻的旅行，請寫一篇遊記。

문화 알아보기

韓國人的周末活動 한국인의 주말 활동

한국에서는 2004년부터 주5일 근무제를 실시하고 있습니다. 그래서 그 후로 가족이나 친구들과 보낼 수 있는 시간이나 여가 시간을 많이 가질 수 있게 되었습니다. 따라서 많은 한국 사람들은 주말에 가족과 함께 산이나 공원으로 나들이를 가거나 쇼핑을 합니다. 그리고 자신이 좋아하는 레포츠를 즐기는 사람들도 점점 늘어나고 있습니다. 낚시, 등산, 번지점프, 서바이벌 게임, 윈드서핑, 인라인 스케이팅 등 다양한 종류의 레포츠가 인기를 끌고 있습니다. 그중에서도 특히 등산은 1,500만 명 이상이 즐기는 한국의 대표적인 레포츠입니다.

韓國從2004年開始實行五天工作制(周休二日)。因此跟家人和朋友在一起的時間和業餘時間都有所增加。所以很多韓國人周末跟家人一起去爬山、逛公園、購物。近來，喜歡休閒運動的人越來越多，釣魚、爬山、彈跳、生存遊戲、帆板、滑旱冰等各種休閒運動都受到人們的歡迎。特別是爬山，至少受到1500萬以上的韓國人的喜愛，是一項韓國具有代表性的休閑運動。

01 한국 사람들이 즐기는 대표적인 레포츠는 어떤 것이 있습니까?
韓國人喜歡的休閒運動有哪些？

02 여러분 나라에서 인기 있는 주말 레포츠는 무엇인지 소개해 보세요.
在你們的國家裏，哪些休閒運動在周末受到人們的歡迎？請介紹一下。

문학 맛보기

01 다음 그림들에 맞는 어휘를 찾아보세요.
選擇跟下面圖片相搭配的詞語。

전깃줄 · 감전되다

02 다음은 「고백」입니다. 시를 낭송하면서 감상해 보세요.
下面是高靜熙的詩《고백(表白)》，請邊朗讀邊欣賞。

72

고백

고정희(1948~1991)

너에게로 가는
그리움의 전깃줄에
나는
감
전
되
었
다

『아름다운 사람 하나』, 들꽃세상, 1990

03 좋아하는 사람에게 어떻게 마음을 전할 수 있을까요? 여러분의 마음을 고백하는 글을 써 보세요. 你們有沒有喜歡的人？怎樣向他/她表達你的心意？寫一篇向你心愛的家人、朋友、歌手等表白的文章。

고백 表白　그리움 想念　전깃줄 電線　감전되다 觸電

제7과

가족

家人

제 7 과 가족 家人

Part 1

준비합시다 1 나이 2 은/는(對照)

말해 봅시다 친구에게 형제 소개하기
向朋友介紹自己的兄弟姐妹

Part 2

준비합시다 1 -(으)시- 2 ㄹ 탈락 3 만

말해 봅시다 친구에게 가족 소개하기
向朋友介紹你家人

Part 3

들어 봅시다 가족사진에 대한 대화 듣기
有關全家福的對話

읽고 써 봅시다 가족 소개의 글 읽고 쓰기
讀寫介紹家人的文章

CULTURE & LITERATURE

문화 알아보기 가족 호칭 親屬稱謂

문학 맛보기 시 詩 「엄마야 누나야」

Part 1

준비합시다

01 나이

한국어로 나이를 어떻게 말할까요?
用韓國語怎麼表達年齡?

요코 씨는 스물다섯 살입니다. 그리고 나타샤 씨는 서른세 살입니다.

나이 年齡

10	20	30	40	50	60	70	80	90	100
열	스물	서른	마흔	쉰	예순	일흔	여든	아흔	백
열 살	스무 살	서른 살	마흔 살	쉰 살	예순 살	일흔 살	여든 살	아흔 살	백 살

문법

나이

表達年齡時, 在"하나, 둘, 셋, 넷……"等固有基數詞後面加"살"。如:

하나 + 살 → 한 살　　다섯 + 살 → 다섯 살

연습

사진을 보고 요코 씨 반 친구들의 나이를 묻고 대답해 보세요.
看下面的照片就陽子她們班同學的年齡進行對話。

A 이 사람은 누구입니까?
B 이치로 씨입니다.
A 이치로 씨는 몇 살입니까?
B 서른 살입니다.

살 歲

02 은/는(對照)

민수와 형은 모두 안경을 썼습니까? 두 사람의 다른 점을 어떻게 말할까요?
珉秀和他的哥哥都戴眼鏡了嗎？怎樣對兩個人的不同之處進行對照？

나는 안경을 썼습니다. 형은 안경을 안 썼습니다.

문법

N + 은/는

"은/는"爲助詞，表示對照的意思。如：

子音 + 은 예 선생님은, 티엔은
母音 + 는 예 친구는, 나타샤는

연습

그림을 보고 차이점에 대해 말해 보세요.
看圖後根據例句說一說兩者有什麼不同之處。

보기

마이클/키가 크다 요코/키가 작다

①

시장/싸다 백화점/비싸다

② 마이클

수영을 잘하다 농구를 못하다

③ 요코

사과를 좋아하다 수박을 싫어하다

마이클은 키가 큽니다. 요코는 키가 작습니다.

- 안경을 쓰다 戴眼鏡
- 형 哥哥
- 키가 크다 身高高
- 키가 작다 身高矮
- 시장 市場
- 농구 籃球
- 못하다 不擅長、不會
- 사과 蘋果
- 수박 西瓜
- 싫어하다 討厭、不喜歡

Part 1

말해 봅시다

친구에게 형제 소개하기 向朋友介紹自己的兄弟姐妹

여러분의 형제를 친구에게 소개해 보세요. 여러분과 비슷한 점, 다른 점을 말해 보세요.
向朋友介紹一下你們的兄弟姐妹。說一說你們的相同之處和不同之處。

Try it!

말풍선을 따라 대화를 구성해 보세요.
根據方框裏的提示完成對話。

수진
詢問朋友的姐姐的特徵

요코
介紹自己的姐姐

1. 형제 수 묻기

형제 | 몇 명?

언니 | 하나 | 있다

2. 외모 비교하기

요코 | 누구 | 닮다?

저 | 아빠 | 닮다
언니 | 엄마 | 닮다

3. 나이 말하기

언니 | 몇 살?

26살

4. 취미 말하기

언니 | 운동 | 좋아하다?

언니 | 운동 | 안 좋아하다
영화 | 좋아하다

대화

75

수진 요코 씨는 형제가 몇 명이에요?

요코 언니가 한 명 있어요.

수진 요코 씨는 누구를 닮았어요?

요코 저는 아빠를 닮았어요. 그렇지만 언니는 엄마를 많이 닮았어요.

수진 그래요? 언니는 지금 몇 살이에요?

요코 스물여섯 살이에요.

수진 언니도 운동을 좋아해요?

요코 아니요, 언니는 운동을 안 좋아해요. 영화를 좋아해요.

표현

- 형제의 수 묻기 詢問兄弟姐妹的人數

A: 형제가 몇 명이에요? / 형제가 어떻게 돼요?
B: 오빠가 한 명, 남동생이 한 명 있어요.

A: 형제가 많아요?
B: 아니요, 저 혼자예요.

확장

친구에게 여러분의 형제를 소개해 보세요. 형제의 나이, 취미, 직업 등에 대해 이야기해 보세요. 給你的朋友介紹一下你們的兄弟姐妹,並說一說他們的年齡、愛好等。

· 형제 兄弟 · 언니 姐姐 · 닮다 像、相似 · 아빠 爸爸 · 엄마 媽媽

Part 2

준비합시다

01 –(으)시–

말하는 사람보다 나이가 많거나 지위가 높은 사람에 대해 이야기할 때는 어떻게 말할까요? 如何描述比自己年紀大或比自己社會地位高的人?

수미가 방에 있습니다. 텔레비전을 봅니다.

어머니가 부엌에 계십니다. 저녁을 준비하십니다.

문법

A/V + (으)시

"–(으)시–"爲主詞尊敬詞尾，句子主詞爲人時表示尊敬。如：

子音 + 으시 예 읽으시다, 앉으시다　　母音, ㄹ + 시 예 가시다, 만드시다

※ 部分動詞有與之相應的專門表示尊敬的詞語。如：

· 있다 → 계시다
· 자다 → 주무시다
· 먹다, 마시다 → 드시다, 잡수시다
· 죽다 → 돌아가시다

연습

아버지는 지난주에 무엇을 하셨습니까? 다음을 보고 말해 보세요.
看圖說一說爸爸上星期做些了什麼?

월요일	① 화요일	② 수요일	③ 목요일	④ 금요일	⑤ 토요일	⑥ 일요일
보기 등산하다	〈오전〉 집에서 쉬다 / 〈오후〉 산책하다	〈오전〉 친구를 만나다 / 〈오후〉 낮잠을 자다	학원에서 운전을 배우다	〈오전〉 골프를 치다 / 〈오후〉 책을 읽다	여행을 가다	영화를 보다

· 학원 補習班、培訓班
· 운전 開車
· 골프를 치다 打高爾夫球

A 아버지는 지난주 월요일에 뭘 하셨어요?

B 월요일에 등산을 하셨어요. 아버지는 등산을 좋아하세요.

02 ㄹ 탈락

마이클은 무엇을 하고 있습니까? 마이클이 지금 무엇을 하는지 어떻게 말할까요? 麥克在做什麼？怎樣描述麥克正在進行的動作？

A 마이클이 지금 무엇을 합니까?

B 스파게티를 만듭니다.

문법

ㄹ 탈락

詞幹以"ㄹ"結尾的動詞，與詞尾"ㄴ, ㅂ, ㅅ"相接時，詞幹的"ㄹ"脫落。如：

만들 + ㅂ니다 → 만듭니다　　살 + ㅂ니다 → 삽니다

연습

다음의 단어를 사용해서 대화를 완성해 보세요.
用下面所給的詞完成對話。

알다 · 길다 · 열다 · 살다 · 멀다 · 만들다

보기	A : 민수 씨, 가족이 모두 서울에서 삽니까? B : 아니요, 형은 인천에서 삽니다.
①	A : 요코 씨, 창문을 좀 ______. 교실이 너무 덥습니다. B : 알겠습니다.
②	A : 마이클 씨 전화번호를 ______? B : 네, 잠깐만요, 010-2370-8845입니다.
③	A : 고향이 어디입니까? B : 대전입니다. 서울에서 조금 ______.
④	A : 수미 씨 언니도 머리가 ______? B : 아니요, 언니는 머리가 안 ______.
⑤	A : 민수 씨가 지금 무엇을 합니까? B : 의자를 ______.

- 스파게티 意大利麵條
- 만들다 做
- 알다 知道
- 길다 長
- 열다 開
- 살다 住
- 멀다 遠
- 가족 家人
- 인천 仁川
- 창문 窗戶
- 덥다 熱
- 고향 老家、故鄉
- 대전 大田

03 만

많은 것 중 어느 것을 선택하거나, 하나만 있음을 강조해서 말할 때는 어떻게 말할까요?
在很多東西中選擇一個或強調一個時, 該如何表達?

A 창호 씨 형도 키가 커요?

B 아니요, 우리 가족은 모두 키가 작아요. 저만 키가 커요.

문법

N + 만

"만"爲助詞, 有"排除"的意思, 限制特定範圍, 相當於英語"only"。如:

요코 + 만 → 요코만　　마이클 + 만 → 마이클만

연습

다음은 요코의 반 친구들에 대한 정보입니다. 표를 보고 이야기해 보세요.
下表格是陽子班上同學的個人資料, 請看表格後根據例句對話。

	보기 결혼하다	① 직장에 다니다	② 서울에서 살다	③ 매일 운동을 하다
마이클	×	○	○	×
나타샤	○	×	×	×
티엔	×	×	○	×
왕카이	×	×	○	○

A 요코 씨 친구들은 모두 결혼했어요?

B 아니요, 나타샤 씨만 결혼했어요.

· 결혼하다 結婚
· 모두 都

어휘

가족 관계 親屬關係

직업 職業

Part 2

말해 봅시다

친구에게 가족 소개하기 向朋友介紹家人

친구가 여러분의 가족에 대해 묻습니다. 친구에게 여러분의 가족을 소개해 보세요.
朋友問你的家庭成員，爲他/她介紹一下你的家人。

Try it!

말풍선을 따라 대화를 구성해 보세요.
根據方框裏的提示完成對話。

요코
問麥克的家庭成員。

마이클
四口人
爸爸(58), 媽媽(56), 哥哥, 我

1. 가족 수 묻고 답하기

가족 | 몇 명?

4명
아버지 + 어머니 | 계시다
형 | 1명 | 있다

2. 부모님 연세 묻고 답하기

부모님 | 연세?

아버지 | 58
어머니 | 56

3. 사는 곳 묻고 답하기

가족 | 모두
미국 | 살다

부모님 | 미국 | 살다
형 + 저 | 한국 | 살다

4. 직업 묻고 답하기

형 | 무슨 일 | 하다?

기자

대화

80

요코	마이클 씨, 가족이 몇 명이에요?
마이클	모두 네 명이에요. 아버지와 어머니가 계시고 형이 한 명 있어요.
요코	부모님은 연세가 어떻게 되세요?
마이클	아버지는 쉰여덟, 어머니는 쉰여섯이세요.
요코	가족이 모두 미국에서 살아요?
마이클	아니요, 부모님만 미국에서 사세요. 형과 저는 한국에서 살아요.
요코	그래요? 형은 무슨 일을 해요?
마이클	기자예요.

Tip 部分名詞有與之相應的專門表示尊敬的詞語。如:

나이 → 연세　사람 → 분　생일 → 생신　집 → 댁

할아버지 생신은 7월 2일입니다.　어제 교수님 댁에 갔습니다.

발음 送氣音化 ①

"ㄱ"、"ㄷ"、"ㅂ"、"ㅈ"位於收音"ㅎ"後面時, 發音變成送氣音[ㅋ]、[ㅌ]、[ㅍ]、[ㅊ]。如:

어떻게[어떠케]　많다[만타]

표현

■ 가족의 수 묻기 詢問家庭成員的人數

A: 가족이 몇 명이에요? / 가족이 어떻게 돼요?
B: 네 명이에요. 아버지와 어머니가 계시고 동생이 한 명 있어요.

■ 나이 묻기 問年齡

A: 몇 살이에요? / 몇 살이세요?
B: 서른두 살이에요.

A: 아버지 연세가 어떻게 되세요?
B: 예순둘이세요.

확장

반 친구에게 가족을 소개해 보세요. 나이, 사는 곳, 직업 등을 말해 보세요.
向同學介紹一下你們的家人。說一說他們的年齡、居住地、職業等等。

Part 3

들어 봅시다

가족사진에 대한 대화 듣기 有關全家福的對話

01 영민 씨의 가족사진입니다. 사진을 보고 이야기를 나눠 보세요.
看下面這張全家福，請說一說這是什麼時候拍的照片。

02 마이클 씨가 영민 씨의 가족사진을 보고 궁금한 것을 묻는 대화입니다. 잘 듣고 물음에 답하세요. 81
在下面的對話裏麥克看完英瑠的全家福，問了一些問題。聽完這段對話後請回答問題。

(1) 이 사진은 언제 찍었습니까?

____

(2) 영민 씨의 딸과 아들은 지금 몇 살입니까?

① 딸 : __________ 살 ② 아들 : __________ 살

(3) 다음 중 맞는 것을 고르세요.

① 영민 씨의 아내는 지금 직장에 다닙니다.

② 영민 씨의 아들은 영민 씨를 닮았습니다.

③ 영민 씨는 결혼을 했습니다.

- 아들 兒子
- 아내 妻子
- 직장에 다니다 上班

읽고 써 봅시다

가족 소개의 글 읽고 쓰기 讀寫介紹家人的文章

01 다음 사진을 보고 가족 구성원과 수에 대해 이야기해 보세요.
看下面的圖片, 說一說這家有些什麼人? 有幾口人?

02 창호 씨의 가족을 소개하는 글입니다. 다음을 읽고 물음에 답하세요. 82
這是昌浩介紹家人的文章。閱讀並回答問題。

> 우리 가족
>
> 우리 가족은 모두 다섯 명입니다. 아버지와 어머니가 계시고 누나와 남동생이 있습니다. 아버지는 경찰관이십니다. 어머니는 중학교에서 수학을 가르치십니다. 누나는 간호사입니다. 누나는 작년에 결혼했습니다. 남동생은 고등학교 3학년입니다. 내년에 대학교에 갑니다. 저는 한국대학교 4학년 학생입니다. 저는 법학을 공부합니다. 제 꿈은 변호사입니다.

(1) 가족의 직업을 쓰세요.

① 아버지 : ________ ② 어머니 : ________ ③ 누나 : ________

(2) 다음 중 맞는 것을 고르세요.

① 이 사람은 변호사입니다. ② 남동생은 고등학생입니다.

③ 누나는 내년에 결혼합니다.

중학교 國中
수학 數學
고등학교 高中
내년 明年
4학년 四年級
법학 法學
꿈 夢

03 가족을 소개하는 글을 써 보세요.
寫一篇介紹你的家庭成員的文章。

親屬稱謂 가족 호칭

한국 사람은 가족을 부를 때 윗사람은 아랫사람의 이름을 부릅니다. 예를 들어 부모가 자식을 부를 때는 '정우야'라고 합니다. 그렇지만 아랫사람은 윗사람을 부를 때 이름이 아니라 관계를 부릅니다. 예를 들어 동생이 형이나 누나, 오빠, 언니를 부를 때 이름을 부르지 않고 '형', '누나', '오빠', '언니'라고 부릅니다. 그리고 다른 사람에게 가족을 소개할 때 '내 아버지', '내 언니'라고 말하지 않고 '우리 아버지', '우리 언니'라고 말합니다.

韓國人稱呼家人的時候，長輩可以直呼晩輩的名字，比如父母叫兒女時，叫"정우야"。然而，晩輩叫長輩時，不能直呼其名，要以家人關係爲稱。比如弟弟叫姐姐或哥哥時，不能直呼其名，要叫"형"、"누나"、"오빠"、"언니"。此外，向別人介紹家人時，不說"내 아버지"、"내 언니"，而說"우리 아버지"、"우리 언니"。

01 한국에서 부모는 자녀를 어떻게 부르는지, 그리고 자녀들은 부모를 어떻게 부르는지 말해 보세요. 說一說韓國的父母如何稱呼自己的子女，子女又該如何稱呼自己的父母。

02 여러분 나라에서는 부모님이나 형제를 부를 때 어떻게 부릅니까? 그리고 다른 사람에게 가족을 소개할 때 어떻게 합니까?
你們國家的人怎麼稱呼自己的父母或兄弟姐妹，怎樣向別人介紹自己的家人？

문학 맛보기

詩 엄마야 누나야

01 여러분은 고향에 살 때 어디에서 누구와 살았는지 친구들과 이야기해 보세요.
請和朋友說說你們在家鄉時住在哪裏，和什麼人住在一起。

02 다음은 「엄마야 누나야」입니다. 시를 낭송하면서 감상해 보세요.
下面是詩人金素月的詩《엄마야 누나야(媽媽啊，姐姐啊)》，請邊朗讀邊欣賞。

83

엄마야 누나야

김소월(1902~1934)

엄마야 누나야 강변 살자
뜰에는 반짝이는 금 모래빛,
뒷문 밖에는 갈잎의 노래
엄마야 누나야 강변 살자

『진달래꽃』, 매문사, 1925

Tip 金素月是韓國人最喜愛的詩人之一。原名爲金廷湜，素月爲他的號。金素月寫了很多七五言格律詩。他被稱爲最"擅長表現韓國人獨特情緒恨的詩人"。代表作有《金達萊》、《在離別的路上》、《山有花》、《路》、《招魂》等。在他五、六年的短暫文藝活動中，留下了154篇作品。

03 여러분은 누구와 함께 어디에서 살고 싶습니까? 여러분의 생각을 표현해 보세요.
你們想跟誰住在什麼地方？請寫一下自己的思緒。

__________ 아/야 __________ 아/야 __________ 살자.

강변 江邊　뜰 院子　반짝이는 閃爍　금 모래빛 金色的沙灘　뒷문 後門　밖 外面　갈잎 蘆葦葉

附錄

| 부록 |

듣기 지문 및 정답

聽力文本與答案

찾아보기

生詞索引

듣기 지문 및 정답 聽力文本與答案

1과

모음 (1)

1. (1) ① (2) ② (3) ③ (4) ③ (5) ② (6) ①

모음 (2)

1. (1) ① (2) ③ (3) ② (4) ③ (5) ① (6) ②

받침

1. (1) ② (2) ① (3) ① (4) ① (5) ② (6) ②

문장 만들기

1. (1) ① (2) ② (3) ② (4) ①

3. (1) 학생이 책을 읽습니다. (2) 한국 사람이 김치를 먹습니다. (3) 선생님이 학생을 만납니다. (4) 개가 갑니다.

2과

들어 봅시다

티엔　마이클 씨, 안녕하세요?
마이클　티엔 씨, 안녕하세요?
티엔　김 선생님 사무실은 2층입니까?
마이클　아니요, 3층입니다.
티엔　3층 몇 호입니까?
마이클　3층 13호입니다.
티엔　김 선생님 전화번호는 무엇입니까?
마이클　010-4372-1586입니다.
티엔　고맙습니다.

2. (1) ② (2) 010-4372-1586

읽고 써 봅시다

2. ②

3과

들어 봅시다

이치로 김정우 씨, 지금 어디에 갑니까?
김정우 컴퓨터실에 갑니다. 요즘 컴퓨터를 배웁니다. 이치로 씨는 어디에 갑니까?
이치로 도서관에 갑니다. 시험이 있습니다.
김정우 시험이 언제입니까?
이치로 10월 24일입니다.
김정우 금요일입니까?
이치로 네, 그렇습니다.

2. (1) ② (2) ③ (3) 10월 24일입니다.

읽고 써 봅시다

2. (1) ① 아니요 ② 네 (2) ③

4과

들어 봅시다

박영민 여보세요?
마이클 영민 씨, 저 마이클입니다. 제가 지금 회사 밖에 있습니다.
그런데 지갑과 열쇠가 가방 안에 없습니다. 혹시 지갑이 제 컴퓨터 옆에 있습니까?
박영민 잠깐만 기다리세요. 컴퓨터 옆에요? 컴퓨터 옆에 없습니다.
아, 여기 의자 밑에 있습니다. 그런데 열쇠는 없습니다.
마이클 책상 위를 보세요. 열쇠가 책상 위에 없습니까?
박영민 책상 위에 없습니다.
마이클 그러면 서랍 안을 보세요.
박영민 네, 여기 서랍 안에 있습니다.
마이클 아, 그래요? 정말 고맙습니다.

2. (1) ① 의자 밑에 표시 ② 서랍 안에 표시 (2) ① 아니요 ② 네

읽고 써 봅시다

2. (1) 책상과 컴퓨터 (2) 정원 (3) ① 네 ② 아니요 ③ 네

5과

들어 봅시다

요코	아주머니, 안녕하세요? 제가 요코예요.
하숙집 아주머니	요코 씨, 만나서 반가워요. 이 방이 요코 씨 방이에요.
요코	네, 고맙습니다. 아주머니, 아침 식사 시간은 몇 시예요?
하숙집 아주머니	평일에는 7시부터 8시까지 아침 식사 시간이에요. 그렇지만 토요일과 일요일에는 7시부터 9시까지 아침을 먹어요.
요코	저녁 식사 시간은 언제예요?
하숙집 아주머니	저녁 식사 시간은 6시부터 7시까지예요. 그리고 밤 11시에 하숙집 문을 닫아요. 밤 11시까지 들어오세요.
요코	네, 알겠습니다. 앞으로 잘 부탁합니다.

2. (1) ③ (2) 밤 11시 (3) ③

읽고 써 봅시다

2. (1) ② (2) ③

6과

들어 봅시다

율리아	유스케 씨, 어제 약속 잊었어요? 1층 로비에서 많이 기다렸어요.
유스케	미안해요. 어제 아주 바빴어요.
율리아	그래요? 어제 수업 후에 뭐 했어요?
유스케	우리 반 친구들하고 같이 식사 후에 도서관에서 숙제를 했어요.
율리아	그래요? 그러면 어젯밤에 몇 시에 집에 들어갔어요?
유스케	어젯밤요? 음–음– 8시에 들어갔어요. 그리고 텔레비전을 봤어요.
율리아	무슨 프로그램이었어요?
유스케	에– 생각이 잘 안 나요.
율리아	10시 스포츠 뉴스였어요?
유스케	네, 맞아요. 스포츠 뉴스였어요. 아주 재미있었어요.
율리아	유스케 씨, 금요일 10시에 스포츠 뉴스를 안 해요. 그 시간에 다른 여자와 데이트를 했지요?

2. (1) 네 (2) 아니요 (3) 네

읽고 써 봅시다

2. (1) ① 아니요 ② 아니요 ③ 아니요 ④ 네

7과

들어 봅시다

마이클　이거 영민 씨 가족 사진이에요?
박영민　네. 작년 아들 돌에 찍었어요.
마이클　영민 씨는 언제 결혼했어요?
박영민　6년 전에 했어요.
마이클　그래요? 이 분이 영민 씨 부인이세요?
박영민　네, 제 아내예요.
마이클　부인이 정말 예쁘세요. 부인도 직장에 다니세요?
박영민　아니요. 결혼 전에는 일을 했어요. 그렇지만 지금은 안 해요.
마이클　이 아이들이 영민 씨 아들과 딸이군요. 몇 살이에요?
박영민　딸은 5살, 아들은 3살이에요.
마이클　그렇군요. 아들이 영민 씨를 닮았어요.

2. (1) 작년 아들 돌 때　(2) ① 5살 ② 3살　(3) ②

읽고 써 봅시다

2. (1) ① 경찰관 ② 교사(선생님) ③ 간호사　(2) ②

찾아보기 生詞索引

지은이 소개 作者介紹

이미혜 李美惠

이화여자대학교 교육대학원 외국어로서의 한국어교육전공 조교수 梨花女子大學教育研究所對外韓語教育專業助教授

이화여자대학교 국어국문학과 박사 梨花女子大學國語國文學系博士

김현진 金炫辰

이화여자대학교 언어교육원 특임교수 梨花女子大學語言教育中心特任教授

이화여자대학교 독어독문학과 박사 梨花女子大學德語德文學系博士

구재희 具材姬

이화여자대학교 언어교육원 강사 梨花女子大學語言教育中心講師

이화여자대학교 국어국문학과 박사 梨花女子大學國語國文學系博士

권경미 權景美

전 이화여자대학교 언어교육원 강사 前梨花女子大學語言教育中心講師

이화여자대학교 국어국문학과 박사 梨花女子大學國語國文學系博士

유선희 柳善姬

전 이화여자대학교 언어교육원 전임강사 前梨花女子大學語言教育中心專任講師

이화여자대학교 독어독문학과 박사 梨花女子大學德語德文學系博士

윤영 尹永

전 이화여자대학교 언어교육원 강사 前梨花女子大學語言教育中心講師

연세대학교 한국학협동과정 박사 延世大學韓國學協同課程博士

이수행 李受幸

전 이화여자대학교 언어교육원 강사 前梨花女子大學語言教育中心講師

상명대학교 한국학과 박사 수료 祥明大學韓國學系博士結業

MP3的目錄

• 본 교재의 듣기 자료는 이화여자대학교출판문화원 홈페이지(www.ewhapress.com) '자료실'에서 내려받을 수 있습니다.

磁道	單位	標題	頁
1	1과	pt. 2 모음(1) 읽기	22
2	1과	pt. 2 모음(1) 연습1	23
3	1과	pt. 2 모음(1) 연습2	23
4	1과	pt. 2 자음(1) 읽기	24
5	1과	pt. 2 자음(1) 연습1	25
6	1과	pt. 2 자음(1) 연습2	25
7	1과	pt. 2 모음(2) 읽기	26
8	1과	pt. 2 모음(2) 연습1	27
9	1과	pt. 2 모음(2) 연습2	27
10	1과	pt. 2 자음(2) 읽기	28
11	1과	pt. 2 자음(2) 연습1	29
12	1과	pt. 2 자음(2) 연습2	29
13	1과	pt. 2 받침 읽기	30
14	1과	pt. 2 받침 연습1	31
15	1과	pt. 2 받침 연습2	31
16	1과	pt. 3 문장 만들기 읽기	32
17	1과	pt. 3 문장 만들기 연습1	33
18	1과	pt. 3 문장 만들기 연습2	33
19	1과	pt. 3 문장 만들기 연습3	33
20	2과	pt. 1 준비합시다1	36
21	2과	pt. 1 준비합시다2	37
22	2과	pt. 1 말해 봅시다	39
23	2과	pt. 2 준비합시다1	40
24	2과	pt. 2 준비합시다2	41
25	2과	pt. 2 말해 봅시다	43
26	2과	pt. 3 들어 봅시다	44
27	2과	pt. 3 읽고 써 봅시다	45
28	2과	문학 맛보기	47
29	3과	pt. 1 준비합시다1	50
30	3과	pt. 1 준비합시다2	51
31	3과	pt. 1 준비합시다3	52
32	3과	pt. 1 어휘	53
33	3과	pt. 1 말해 봅시다	55
34	3과	pt. 2 준비합시다1	56
35	3과	pt. 2 준비합시다2	57
36	3과	pt. 2 말해 봅시다	59
37	3과	pt. 3 들어 봅시다	60
38	3과	pt. 3 읽고 써 봅시다	61
39	3과	문학 맛보기	63
40	4과	pt. 1 준비합시다1	66
41	4과	pt. 1 준비합시다2	67
42	4과	pt. 1 준비합시다3	68
43	4과	pt. 1 어휘	69
44	4과	pt. 1 말해 봅시다	71
45	4과	pt. 2 준비합시다1	72
46	4과	pt. 2 준비합시다2	73
47	4과	pt. 2 말해 봅시다	75
48	4과	pt. 3 들어 봅시다	76
49	4과	pt. 3 읽고 써 봅시다	77
50	4과	문학 맛보기	79
51	5과	pt. 1 준비합시다1	82
52	5과	pt. 1 준비합시다2	83
53	5과	pt. 1 준비합시다3	84
54	5과	pt. 1 어휘	85
55	5과	pt. 1 말해 봅시다	87
56	5과	pt. 2 준비합시다1	88
57	5과	pt. 2 준비합시다2	89
58	5과	pt. 2 말해 봅시다	91
59	5과	pt. 3 들어 봅시다	92
60	5과	pt. 3 읽고 써 봅시다	93
61	5과	문학 맛보기	95
62	6과	pt. 1 준비합시다1	98
63	6과	pt. 1 준비합시다2	99
64	6과	pt. 1 준비합시다3	100
65	6과	pt. 1 어휘	101
66	6과	pt. 1 말해 봅시다	103
67	6과	pt. 2 준비합시다1	104
68	6과	pt. 2 준비합시다2	105
69	6과	pt. 2 말해 봅시다	107
70	6과	pt. 3 들어 봅시다	108
71	6과	pt. 3 읽고 써 봅시다	109
72	6과	문학 맛보기	111
73	7과	pt. 1 준비합시다1	114
74	7과	pt. 1 준비합시다2	115
75	7과	pt. 1 말해 봅시다	117
76	7과	pt. 2 준비합시다1	118
77	7과	pt. 2 준비합시다2	119
78	7과	pt. 2 준비합시다3	120
79	7과	pt. 2 어휘	121
80	7과	pt. 2 말해 봅시다	123
81	7과	pt. 3 들어 봅시다	124
82	7과	pt. 3 읽고 써 봅시다	125
83	7과	문학 맛보기	127